O CÓDIGO DE HAMURABI

Título original: Babylonian and Assyrian Laws, Contracts and Letters, 1904
Copyright © Editora Lafonte Ltda., 2020

Todos os direitos reservados.
Nenhuma parte deste livro pode ser reproduzida sob quaisquer
meios existentes sem autorização por escrito dos editores.

Edição Brasileira

Direção Editorial Ethel Santaella
Tradução e Adaptação Ciro Mioranza
Revisão Nazaré Baracho
Diagramação Demetrios Cardozo
Imagem capa Andrea Izzotti - jsp / Shutterstock
Imagem pg. 07 Dima Moroz / Shutterstock

Dados Internacionais de Catalogação na Publicação (CIP)
(Câmara Brasileira do Livro, SP, Brasil)

Johns, Claude Hermann Walter
   O código de Hamurabi / Claude Hermann Walter Johns ; tradução Ciro Mioranza. -- São Paulo : Lafonte, 2020.

   Título original: Babylonian and Assyrian Laws, Contracts and Letters, 1904
   ISBN 978-65-5870-039-5

   1. Código de Hamurábi 2. Direito antigo - Codificação 3. Direito civil - Babilônia 4. Hamurábi, Rei da Babilônia 5. Lei das XII Tábuas 6. Lex Talionis I. Título.

20-49029   CDU-340.13(3)(094)

Índices para catálogo sistemático:

1. Antiguidade : Legislação : Direito   340.13(3)(094)
2. Justiça : Antiguidade : Direito   340.13(3)(094)

Cibele Maria Dias - Bibliotecária - CRB-8/9427

Editora Lafonte

Av. Profª Ida Kolb, 551, Casa Verde, CEP 02518-000
São Paulo - SP, Brasil – Tel.: (+55) 11 3855-2100
Atendimento ao leitor (+55) 11 3855-2216 / 11 3855-2213 – atendimento@editoralafonte.com.br
Venda de livros avulsos (+55) 11 3855-2216 – vendas@editoralafonte.com.br
Venda de livros no atacado (+55) 11 3855-2275 – atacado@escala.com.br

Claude Hermann
Walter Johns

O CÓDIGO DE HAMURABI

Tradução,
condensação
e adaptação:
Ciro Mioranza

Lafonte

Índice

9		*Apresentação*
11	I	*A arqueologia e a redescoberta do passado remoto da humanidade*
15	II	*A estela de Susa*
21	III	*Um pouco de história*
25	IV	*Leis da Babilônia anteriores ao Código de Hamurabi*
31	V	*O Código de Hamurabi*
65	VI	*Organização social do Estado da Babilônia*
83	VII	*Juízes, tribunais de justiça e processos jurídicos*
103	VIII	*Direito público*
107	IX	*Direito penal*
109	X	*Organização familiar*
113	XI	*Namoro e casamento*
129	XII	*Divórcio e deserção*
133	XIII	*Direitos das viúvas*
135	XIV	*Direitos e obrigações dos filhos*
139	XV	*Infância e educação dos filhos*
143	XVI	*Adoção*
149	XVII	*Direito de herança*
155	XVIII	*Escravidão*
169	XIX	*Funções e organização do templo*
177	XX	*Leis do comércio*
183	XXI	*Outros aspectos tratados na obra de Claude Hermann W. Johns*

Estela de Susa, monumento do rei Hamurabi, que possui o código de direito babilônico da antiga Mesopotâmia gravado em cuneiforme.

Apresentação

Traduzir textos antigos sempre foi tarefa difícil e complexa, mesmo para os especialistas. Superada a primeira dificuldade, a decifração da escrita, diversas outras se apresentam, sempre de caráter estritamente linguístico. Não só a morfologia que cria os maiores problemas, tampouco a estrutura sintática do antigo idioma. Era sempre, e continua sendo, a semântica ou o real significado original de vocábulos e expressões de línguas que desaparecem do cenário linguístico há muitos séculos ou mesmo há vários milênios.

E é exatamente isso que o autor da obra *Leis, contratos e cartas babilônicas e assírias*, Claude Hermann Walter Johns repete com frequência no decorrer dos comentários que tece sobre usos, costumes e leis desses antigos povos. De fato, aponta para as dificuldades encontradas em interpretar com segurança uma série de termos e expressões utilizadas pelos escribas babilônicos e assírios. Chega até a afirmar que "o leitor precisa se acautelar contra as traduções que não mostram nenhum sinal de hesitação perante termos tão antigos. Essas traduções não são indicativas de maior conhecimento, mas de menos sinceridade."

Embora o autor não comente exclusivamente o texto cuneiforme do Código de Hamurabi, mas se valha também de muitos outros textos da época, precisamente para ilustrar as leis constantes desse Código, com o objetivo de entendê-las melhor e de encontrar solução para certos pontos obscuros delas, confessa que certas dificuldades de interpretação confiável só poderão ser superadas com novas descobertas de textos dessa antiga civilização que possam lançar mais luz sobre questões duvidosas.

Não há como negar que tentar recuperar o real sentido conferido a termos específicos exige meticulosa pesquisa e análise. Por meio de simples leitura dessa obra, pode-se constatar que Claude H. Walter Johns é um estudioso profundamente comprometido com seu trabalho de verdadeiro exegeta. Seus comentários, além de elucidativos, se baseiam em inúmeros textos babilônicos e assírios selecionados e que têm relação direta com as prescrições e determinações das leis que compõem o Código de Hamurabi. Sem esses preciosos comentários, a leitura direta desse código babilônico se tornaria um tanto árida, senão estranha, e, por vezes, até incompreensível.

O trabalho apresentado a seguir não é uma tradução pura e simples da obra desse autor inglês; foram acrescentados alguns comentários no início ou no final de alguns capítulos e outros capítulos foram reduzidos; outros ainda foram resumidos e transpostos para o final. Além disso, os três primeiros capítulos são da lavra do tradutor, que os acrescentou com o objetivo de oferecer ao leitor um breve panorama histórico que lhe possibite situar-se melhor quando se fala da Mesopotâmia, da Babilônia e da estela de Susa, coluna de pedra em que está gravado o Código de Hamurabi.

Ciro Mioranza

Ciro Mioranza é formado em Letras pela PUCRS com cursos de linguística nas Universidades de Montevidéu (Uruguai), de Roma, de Southampton (Inglaterra), Sorbonne de Paris, de Bucareste (Romênia); no Instituto de Línguas de Munique, Alemanha; estudos bíblicos baseados nos textos hebraico, grego e latino, na Universidade Gregoriana de Roma; curso de pesquisas históricas e sociológicas no Centro di Ricerche per l'America Latina (CRAL), Firenze, Itália.

I

A ARQUEOLOGIA E A REDESCOBERTA DO PASSADO REMOTO DA HUMANIDADE

A história da Antiguidade nem sempre despertou tanta curiosidade como passou a despertar no homem moderno. De fato, parece que os gregos e romanos, em suas conquistas de povos e territórios, miravam única e exclusivamente a ampliação de seus domínios e o enriquecimento de suas metrópoles. A ambição de dominar o mundo conhecido da época era mais importante do que admirar as grandes obras deixadas pelas civilizações que os haviam antecedido.

O homem medieval vivia sobre os escombros da civilização greco-romana e, ao que parece, pouco se importava com a grande herança artística e cultural que ela lhe havia deixado. Cristianizado de ponta a ponta do antigo império romano, sua preocupação maior era precipuamente religiosa. Embora tivesse diante dos olhos a magnificência das obras deixadas pelas antigas civilizações, via nessa pomposidade o reflexo do paganismo e do politeísmo e a insofismável expressão artística e cultural de sociedades que negavam um Deus único e salvador da humanidade. Não é de estranhar, portanto, que muitas dessas obras monumentais e artísticas fossem dilapidadas e destruídas e outras transformadas em templos de culto cristão, não para salvá-las da ruína total, mas para sacralizá-las em honra do verdadeiro e único Deus que rege o mundo.

No final da Idade Média, com a difusão do grande movimento chamado Renascença ou Renascimento, o segmento mais instruído e iluminado da sociedade percebe que essa visão negativa da arte e da literatura greco-romanas era um grande erro histórico. Seguiu-se então uma volta às fontes, um olhar mais atento e crítico ao passado, contemplando especialmente o legado literário e filosófico, além de admirar e estudar a arte, a arquitetura e os princípios da organização social e jurídica dessas antigas civilizações. Uma nova percepção dos valores do homem como ser humano, prescindindo-se da religião, se alastrava em todas as camadas mais cultas e letradas da sociedade. O homem como tal se tornava o centro de uma nova perspectiva de mundo, podendo-se dizer mais humana que teocrática. Essa reviravolta do modo de ver e sentir o mundo real e palpável perpassou todos os segmentos dessa sociedade do final da Idade Média, convergindo para o que se passou a chamar de humanismo ou, mais especificamente, humanismo greco-latino. O Renascimento deu novo impulso à arte, à literatura, à filosofia. A religião não era mais o centro do mundo criado, mas uma parcela que podia ser agregada aos valores fundamentais do homem.

Se o movimento renascentista reavivou o grande legado da cultura greco-romana, revolucionou os estudos, impulsionou a pesquisa científica, acabou por abrir caminho para o homem dos séculos seguintes procurar retroceder mais ainda no tempo e no espaço e buscar informações sobre civilizações mais antigas que a greco-romana. Difundiu-se então, especialmente a partir do século 17, a ideia de descobrir outros legados de reinos e impérios de épocas mais remotas. As pirâmides do Egito exerciam grande fascínio entre os estudiosos. As civilizações mesopotâmicas, tão decantadas, exaltadas ou execradas nos textos bíblicos, despertavam uma curiosidade ímpar. E, a partir do século 18, a Europa começa a organizar expedições. Quer saber mais sobre a Antiguidade, sobre os povos antigos, sobre as sociedades organizadas dos milênios que antecederam a difusão do cristianismo. A arqueologia, que tivera tímidos inícios durante o renascimento, explode com vigor nunca visto. A bem da verdade, as escavações feitas em Herculano e em Pompeia, na Itália, em meados do século 18 (1738-1748), parecem uma experiência pioneira do que viria a ser a pesquisa arqueológica no século seguinte. De fato, grupos de arqueólogos passam a dirigir seus olhares para o Egito e para o Oriente Médio.

No Oriente, as expedições se concentram na Síria, no Irã e, de modo mais intenso, no Iraque, na área da antiga Mesopotâmia (território entre os rios Tigre e Eufrates). Essas expedições europeias, voltadas ao mundo desconhecido da Antiguidade, se tornam verdadeira febre durante todo o século 19 e se sucedem com grande intensidade, invadindo o século 20 e continuando até hoje.

Foi assim que, no início do século 20, Jacques de Morgan organizou uma expedição arqueológica ao Irã, com o objetivo de explorar a área onde surgia a antiga cidade de Susa, cuja localização precisa havia sido identificada em 1851. Outras expedições já haviam feito escavações nesse sítio arqueológico desde 1884. Mas coube a Jacques de Morgan descobrir a famosa estela que trazia gravadas em suas faces as leis que se tornariam conhecidas em todo o mundo sob a denominação de "Código de Hamurabi". Depois de séculos enterrada sob os escombros dessa antiga metrópole elamita, essa preciosidade histórica via novamente a luz e hoje está exposta, longe de sua terra de origem, no museu do Louvre, em Paris. Ressurgiu de sua sepultura multimilenar para nos informar e nos contar um pouco sobre usos, costumes e leis da sociedade babilônica dos tempos do rei Hamurabi.

II

A ESTELA DE SUSA

Estela é um monólito ou uma coluna de pedra com inscrição. A estela lembra os obeliscos egípcios, os arcos de triunfo romanos, os monumentos modernos recobertos de inscrições que recordam vitórias em guerras, que homenageiam heróis, que engrandecem personalidades históricas ou que perpetuam de modo duradouro acontecimentos marcantes. A estela de Susa, porém, traz gravado em sua superfície um conjunto de leis, que ficou conhecido como Código de Hamurabi, porquanto foi esse rei, como consta no início do texto, que mandou gravar essas leis que regiam a cidade de Babilônia e o império ou reino babilônico.

Pode parecer estranho que a estela de Hamurabi tenha sido descoberta na cidade de Susa, metrópole dos elamitas, habitantes de Elam, região a noroeste do atual Irã. Inimigos dos povos da Mesopotâmia, os elamitas invadiram e conquistaram Babilônia no ano de 1153 antes de nossa era. Certamente levaram a estela de Hamurabi como troféu de guerra e a conservaram na capital de seu reino, Susa. Esta cidade sofreu posteriormente sucessivas invasões de persas, partas, gregos e novamente persas, entrou em decadência e, por fim, foi definitivamente abandonada no século 13 de nossa era, depois de sucessivas incursões dos mongóis.

Chamada de estela de Susa, seria mais apropriado chamá-la de estela de Babilônia, cidade onde foi gravada e erigida, ou mesmo estela de Hamurabi, porquanto foi esse rei que mandou confeccioná-la e gravar nela o código de leis que leva seu nome. Acredita-se que estava exposta no templo de Shamash, deus do Sol, na capital do reino babilônico; segundo outros historiadores, ela estaria no templo de Sippar, cidade santa do deus Shamash, denominada atualmente Abu Habba, localizada nas proximidades de Bagdá. Descoberta, como já foi dito, pela expedição francesa comandada por Jacques de Morgan, no inverno de 1901-1902 em Susa, ela foi transportada para Paris, onde figura entre as inestimáveis obras de arte, da ciência e da história da humanidade, no museu do Louvre.

Algumas características dessa estela multimilenar merecem ser descritas. Na parte superior, pode-se contemplar, em baixo-relevo, a imagem do rei Hamurabi que recebe de Shamash, deus do Sol, as insígnias do poder real ou, segundo outros, as próprias leis que constam no Código. O bloco de pedra mede 2,25m de altura e tem, na base, uma circunferência de 1,90m. O texto gravado consta de 51 colunas, que totalizam 3.600 linhas escritas em caracteres cuneiformes. Na base da estela, há uma parte raspada de sete colunas, eliminando assim 35 artigos desse código, verdadeiro tratado de jurisprudência da época, contemplando disposições de ordem civil, penal e administrativa, composto de 282 artigos. Essa divisão em artigos ou parágrafos foi definida por Jean-Vincent Scheil, que fez sua primeira tradução. O texto completo do Código, com prólogo e epílogo, será apresentado em capítulo logo mais adiante.

Cumpre ressaltar que o texto está gravado em caracteres cuneiformes, alfabeto utilizado pelos antigos povos da Mesopotâmia. Foi denominado de cuneiforme porque as letras ou anagramas se apresentam em forma de cunha (do latim *cunea*, daí cuneiforme, ou seja, em forma de cunha). O trabalho de incisão na rocha dura de diorito deve ter sido executado por um artesão com exímia habilidade, verdadeiro artista, ainda mais que, no alto da estela, conseguiu cinzelar com perfeição a figura do rei Hamurabi e do deus Shamash.

Convém relembrar também que os textos cuneiformes de uso geral, entre os babilônios, não eram transcritos em pergaminhos, em couro de cabra ou em papiro, como faziam outros povos da Antiguidade, mas em tijoletas, também chamadas tabuletas. O próprio Código fala delas ao exigir que os contratos, as sentenças judiciais, os empréstimos em dinheiro, as garantias dadas para qualquer transação, fossem lavrados em tijoletas, que serviam de comprovante, de recibo de débito ou de crédito, de compromisso ou de quitação, etc. O processo de escrita era bastante simples. O texto era redigido em tijoleta fina de argila fresca que, depois de preenchida com os devidos termos, era exposta ao sol para secar. Assim, a escrita assumia o aspecto de ter sido gravada. Na realidade, o escrevente utilizava um estilete com ponta triangular, com o qual traçava as letras ou cunhas verticais, horizontais, diagonais, na argila mole, formando letras, sílabas ou mesmo conceitos.

Quando do achado da estela de Susa, a tradução dos textos nela gravados foi feita com rapidez por Jean-Vincent Scheil, pois a escrita cuneiforme já era conhecida, tendo sido decifrada na primeira metade do século 19.

Jean-Vincent Scheil (1858-1940) era um padre francês e renomado assiriólogo. Participou de expedições arqueológicas no Iraque e também no Egito. Depois da descoberta da estela de Susa, ele tomou a si a tradução do Código de Hamurabi e, em poucos meses, publicou a versão francesa com o título de *La Loi de Hammourabi* (A Lei de Hamurabi). Além disso, publicou várias outras obras sobre a história antiga da Babilônia e da Assíria, trabalhos sempre baseados nas descobertas feitas nas escavações levadas a efeito por expedições a esses locais.

O trabalho que se apresenta a seguir não é propriamente uma tradução integral, mas um resumo e uma adaptação do livro de Claude Hermann Walter Johns, intitulado *Babylonian and Assyrian Laws, Contracts and Letters* (Leis, contratos e cartas babilônicas e assírias), publicado em 1904, em Nova Iorque pela editora Charles Scribner's Sons. O autor era um sacerdote inglês da Igreja anglicana, nascido em 1857 e falecido em 1920. Renomando orientalista, foi professor de Assiriologia na Universidade de Cambridge. Além da obra citada e que é objeto desta tradução e adaptação, deixou mais quatro outras, todas elas extensas e volumosas, versando sobre o mesmo tema, ou seja, a história das antigas civilizações da Babilônia e da Assíria.

Da grande e densa obra, apenas citada, desse autor, foram extraídos os capítulos que descrevem a organização familiar e social do reino ou império babilônico de quase quatro mil anos atrás. Por essa razão, foram privilegiados os capítulos que dizem respeito mais especifamente ao Código de Hamurabi, contemplando as disposições legais propriamente ditas, as penalidades aplicadas a crimes e desvios de conduta dos cidadãos e como essas leis atingiam especialmente o indivíduo, a família, a comunidade.

É claro que o capítulo central é o próprio Código de Hamurabi. Para entendê-lo melhor, especialmente em suas minúcias, não havia como deixar de traduzir os capítulos que o autor Claude Walter Johns dedica à organização social do antigo Estado babilônico, à atuação de juízes e às cortes de justiça que atuavam nos processos legais e que proferiam suas sentenças. Em vista disso, se fez necessário traduzir também os capítulos que tratam dos direitos dos cidadãos, da organização familiar, do casamento, da separação ou do divórcio, da educação dos filhos, das obrigações dos filhos para com os pais, além daqueles relativos aos direitos de herança, aos processos de adoção e, finalmente, aquele sobre a escravidão, instituição que subsistia em todas as sociedades antigas. Esses capítulos foram, praticamente todos, traduzidos na íntegra, com breves condensações ou adaptações textuais, quando se achava oportuno.

O autor dessa obra confere ainda destaque especial à influência da religião na vida dessa antiga sociedade, religião de cunho politeísta, como o eram todas as manifestações cultuais da Antiguidade, que expressavam de diferentes maneiras suas relações com as divindades que presidiam a vida e o destino de cada pessoa em particular e de todo o povo em geral. O capítulo que trata desse aspecto versa sobre a importância do templo como centro vital da sociedade babilônica, não somente na visão religiosa propriamente dita, mas também na perspectiva social e econômica. O aspecto precipuamente religioso transparece de modo particular no caso das mulheres consagradas aos deuses ou ao templo e que podiam se casar, mas lhes era vedado gerar filhos. Transparece ainda mais claro, no entanto, no prólogo do próprio Código de Hamurabi, em que o rei invoca todos os deuses do panteão babilônico, prestando-lhes especial devoção e sujeição como preito de gratidão pelo poder e pelos grandes benefícios que deles recebeu, de modo particular a inédita inspiração de promulgar esse código de leis para todos os seus súditos.

Por essas diversas razões, foram excluídos os capítulos relativos ao exército, a doações, penhoras e garantias, salários de trabalhadores contratados e outros temas de menor impacto social ou de menor interesse para o leitor de hoje e até mesmo para compreender de modo suficiente as estruturas básicas e o modo de vida da sociedade babilônica. Desses capítulos, foi feito um resumo de poucas linhas, na tentativa de acrescentar algum elemento de certo valor histórico.

A última parte dessa obra de Claude Walter Johns traz uma extensa coleção de cartas encontradas nas escavações. Essas cartas, na realidade, eram tijoletas enviadas ao destinatário dentro de um envelope (ou caixinha) feito também de argila. O autor desse livro reproduz algumas delas enviadas pelo rei Hamurabi e por alguns de seus sucessores, além de muitas cartas trocadas entre babilônios e assírios que abordam os mais variados assuntos. Essa parte final do livro foi totalmente excluída, porque se julgou mais oportuno ater-se estritamente ao que dizia respeito ao Código de Hamurabi. Não obstante isso, a presente tradução termina precisamente com breves excertos de duas cartas escritas pelo rei Hamurabi.

III

UM POUCO DE HISTÓRIA

Para situar melhor o leitor no cenário da antiga Mesopotâmia, convém fornecer mais alguns breves elementos históricos. O Código de Hamurabi nos transporta para a Suméria, parte meridional da antiga Mesopotâmia, região que hoje se situa no território do Iraque. A partir do terceiro milênio antes de nossa era, os sumérios construíram uma das mais importantes civilizações da Antiguidade. Seus habitantes falavam uma língua isolada e sem parentesco conhecido com outras, chamada sumério. Esse idioma era escrito em caracteres peculiares, que foram chamados cuneiformes, por causa de sua semelhança com pequenas cunhas. Sendo mais preciso, poder-se-ia dizer que esse idioma não era escrito, mas gravado, como já foi assinalado no capítulo anterior, porquanto os textos sumérios descobertos em escavações estão gravados em pedra, quando se trata de monumentos ou estátuas e, em sua grande maioria, em tijoletas, que eram gravadas em argila fresca com um estilete de ponta triangular e depois deixadas secando ao sol.

A civilização suméria se desenvolveu sem um governo central, mas composta por muitas cidades que se autogovernavam. Cada uma delas tinha seu próprio rei e suas leis locais, mas todas elas tinham relações comerciais mais ou menos intensas com as outras, o que possibilitava um crescimento econômico e um desenvolvimento praticamente igualitário. Os sumérios dominavam o emprego de metais, como o ouro, a prata, o cobre e o bronze. Cercados por desertos, mas habitando uma região cortada por dois grandes rios, souberam explorar as terras com a prática da agricultura e suprir a eventual falta de chuva com um avançado esquema de irrigação, captando água dos dois rios que cortavam toda a região, o Tigre e o Eufrates. As principais cidades que despontavam no segundo milênio antes de Cristo eram Erech, Uruk, Kish, Nipur, Larsa, Lagash e Ur. Eram prósperas cidades-estado, importantes centros econômicos e que praticavam o comércio com regiões distantes.

Em torno de 2330 a.C, Sargon, oficial do rei de Kish, reúne uma tropa de nômades semitas, se revolta contra seu rei e funda a cidade-estado de Acad. Depois de conquistar algumas cidades vizinhas, passa a dominar toda a Suméria e regiões circunstantes. Seu reino se transforma num império que chega a abranger a Assíria, a Síria e parte da Anatólia (atual Turquia). Em 2160, o poderio acadiano entra em declínio e acaba desaparecendo depois de seguidas derrotas que lhe são infligidas especialmente por povos das regiões de Zagros (atual Irã).

A influência de Acad sobre toda a Mesopotâmia foi de tal modo marcante, que hoje se costuma falar em cultura sumério-acadiana. E de modo particular, porque a língua acadiana, de tipo semita, acabou se tornando o idioma oficial de todo o império e o sumério permaneceu como língua escrita erudita e literária.

Seguiu-se então um longo período de instabilidade e de predomínio de uma ou outra das cidades sumérias sobre as demais, como aconteceu com Lagash, depois com Uruk, com Ur e com Larsa. Por fim, uma cidade, até então de menor importância, se impôs a todas as outras, Babilônia. Seu rei, Hamurabi (1792-1760), conquistou toda a Mesopotâmia e fundou um império que ultrapassava os limites mesopotâmicos. O maior legado que esse rei babilônico deixou foi, sem dúvida, o código de leis que regia seus súditos na época. Por meio desse conjunto de leis, é possível restabelecer os principais pontos da organização social, familiar, econômica e jurídica dos sumérios e dos babilônios, o que é exatamente o objeto central desse estudo.

A história posterior da Babilônia pouco importa. Os historiadores modernos falam da decadência desse império depois da morte de Hamurabi, a dominação estrangeira durante séculos, o ressurgimento de seu esplendor com o rei Nabucodonosor I (c. 1127-1105), seguido pelo domínio de Nínive, capital da Assíria, reino situado mais ao norte, a montante do rio Tigre, o novo ressurgimento babilônico com os reis

Nabopolassar (626-605) e Nabucodonosor II (605-562 a.C.) e, finalmente, a queda definitiva com a conquista do território por Ciro, rei da Pérsia, em 539 a.C.

HAMURABI

Acredita-se que Hamurabi tenha nascido em torno do ano de 1810 antes de nossa era e que tenha governado a Babilônia de 1792 a 1750. Na realidade, existem três datações do período de seu reinado, calculadas pelos historiadores de acordo com as informações astronômicas fornecidas por textos da época. De fato, segundo alguns, teria reinado de 1848 a 1806 a.C.; segundo outros, de 1792 a 1750 a.C.; uma terceira teoria coloca seu reinado entre 1728 e 1686 a.C. Hoje, a maioria dos estudiosos prefere a segunda datação (1792-1750).

Hamurabi herdou o trono da cidade-estado de Babilônia do pai Sin-mubalit. Nos primeiros anos de governo, Hamurabi concentrou seus esforços na fortificação da cidade, na restauração dos templos e na abertura de canais para pequena navegação e para irrigação dos campos. Depois se lançou em campanhas de conquista, visando a ampliar seus domínios sobre toda a Mesopotâmia. Conseguiu seu intento, reunindo sob seu cetro todas as cidades-estado mesopotâmicas e dando início ao império babilônico. Implementou uma série de reformas, reorganizou o Estado e sua administração, incentivou a agricultura em larga escala, favoreceu o comércio, reordenou o panteão dos deuses sumero-babilônicos, mas não teve a ambição de ser venerado como uma divindade. Embora se mostrasse hábil administrador, parece que Hamurabi queria ser reconhecido como rei justo, como soberano que primava pela justiça não somente aplicada, mas vivida em todos os segmentos da complexa sociedade babilônica, composta por etnias diferentes, por classes sociais bem distintas e por expressivo número de escravos. E foi exatamente nesse quesito que Hamurabi se destacou e se imortalizou na história, ao compor ou compilar o tão célebre Código que leva seu nome e é objeto de estudo e análise nesse livro de Claude Hermann Walter Johns.

IV

LEIS DA BABILÔNIA ANTERIORES AO CÓDIGO DE HAMURABI

O **Código de Hamurabi não é**, certamente, o mais antigo de que se tem conhecimento hoje. Foram descobertos outros, que re**montam** a um século ou dois antes daquele reunido e gravado por ordem do rei Hamurabi. Neste capítulo são apresentadas algumas leis que constam do Código de Hamurabi, mas que já existiam anteriormente, o que comprova, pelo menos em parte, que Hamurabi **não elaborou** totalmente o conjunto de leis gravadas na estela de Susa. É **mais provável que ele tenha reunido as que já existiam e** eram transmitidas pela tradição oral ou que podiam estar escritas separadamente em diferentes locais ou em diferentes conjuntos. Em tal caso, Hamurabi teria tido o mérito de compilá-las e reuni-las num só corpo. Não se pode descartar, contudo, a ideia de que ele tenha criado algumas ou modificado e abrandado outras, **já existentes**. É o que o autor Claude Hermann Walter Johns procura explicar neste capítulo.

Natureza das leis babilônicas mais antigas. – Estamos ainda completamente no escuro quanto ao surgimento da lei na Babilônia. Por mais que possamos retroceder e levantar a história ou decifrar seus monumentos escritos, não se pode simplesmente dizer: "E ainda não havia lei." Nosso principal objetivo hoje é descobrir o que era lei. Na maioria das vezes, e até recentemente, éramos quase que inteiramente compelidos a inferir isso de contratos que eram estabelecidos entre as partes sob juramento, diante de testemunhas e carimbados com um timbre. Entre eles, havia um grande número de decisões legais que registravam a regulamentação de algum funcionário judicial sobre pontos da lei que lhe haviam sido submetidos. Essas questões e alusões fornecidas em frases soltas nos permitiram obter considerável conhecimento do que era legal e correto na antiga Babilônia ou na Assíria.

Dados até aqui incertos. – Mas a pergunta persistia: Era o que devia ser "correto" ou era "lei"? Houve decreto de autoridade, deixando claro o que era correto e, em alguns casos, criando a lei, onde não havia antes? Havia muita coisa que sugeria a existência de lei promulgada, até mesmo de um código de leis. Mas não havia atribuição conhecida de nenhuma lei a um legislador definido. Não havia palavra para "lei", apenas os termos "julgamentos", "certo" e "errado". Era significativo que as partes de um processo sempre parecessem concordar com o que era certo entre um homem e outro, e depois os dois jurassem por seus deuses observar o "certo".

Evidência de que havia códigos muito antigos – Na realidade, conhecemos um grande código de leis, o de Hamurabi e estamos convencidos de que havia leis e até códigos, séculos antes dele. O modo como os contratos citam as frases de seu código é exatamente paralelo ao modo como os contratos anteriores citam frases que são evidentemente extraídas de algum lugar, de alguma obra. Por isso nos sentimos seguros em pensar que esses extratos provêm de um código de leis sumério. Ainda não sabemos a quem devemos atribuir sua compilação.

Códigos anteriores ao de Hamurabi – Com certeza, o Código de Hamurabi também é uma compilação. Hamurabi não criou suas leis. As frases encontradas nessas leis aparecem em contratos antes de sua época. Sem dúvida, ele deve ter promulgado algumas novas. Mas em sua maior parte, ele o elaborou tomando por base outras fontes. As decisões já aprovadas pelos juízes haviam preparado os homens a aceitar como "certo" o que agora se tornava "lei". Mas a questão nos faz retroceder mais um passo. Esses juízes não decidiram de acordo com uma lei? Em alguns casos, sabemos que sim, pois temos a lei diante deles. Quando tentamos retroceder mais ainda na história, o que podemos fazer é apenas supor. Os documentos não nos dão provas de que os juízes primeiramente fizeram a lei e depois a aplicaram ou vice-versa. Mas agora vemos, pelo menos, a considerável antiguidade de leis reconhecidas e obedecidas como tais.

Leis sumérias encontradas em coletâneas de pensamentos e frases – Podemos considerar como certo que leis foram promulgadas em tempos pré-semíticos ou pré-sumérios. As obras de pensamentos e frases compiladas por escribas posteriores, especialmente aquelas conhecidas que formam a coletânea chamada *ana ittishu*, fornecem como exemplo algumas leis. Essas eram evidentemente dadas pelos escribas como exemplos de prosa em sumério, acompanhadas de uma tradução em língua semita. Seu objetivo era principalmente gramatical ou, de qualquer forma, educativo; mas são mais valiosas porque contêm exemplos da legislação suméria. Devido a seu objetivo limitado, eram inicialmente consideradas como leis de família. Mas não se pode duvidar de que são realmente trechos de algo como um código de leis. Ainda desconhecemos totalmente a data de sua primeira promulgação, local de origem e legislador.

A sétima tijoleta da série *ana ittishu*, Col. III. 1.2 até a Col. IV.1.22 apresenta as sete leis seguintes:

1. Repúdio do pai pelo filho. – Se um filho disser a seu pai "Você não é meu pai", ele pode marcá-lo, acorrentá-lo e vendê-lo.

Pode-se duvidar se isso se aplica apenas a filhos adotados. "Você não será meu pai" é uma tradução possível. Mas a frase pode se referir somente a uma conduta rebelde. A palavra traduzida como "marcar" foi, muitas vezes, tomada como "raspar". Raspar o cabelo era sinal de degradação. Os babilônios semitas usavam cabelos compridos, enquanto os escravos, e talvez também os sumérios como raça, são representados de cabelo curto ou cabeça raspada. Seja como for, a mesma palavra é usada para "marcar" gado e implica corte ou incisão. Pode significar uma marca tatuada. A palavra traduzida como "acorrentar" também parece ser usada como marcar de modo indelével o corpo. A lei em si transmite a ideia de que o filho rebelde deve ser degradado à condição de escravo e ser tratado como tal.

2. Repúdo da mãe pelo filho. – Se um filho disser à sua mãe "Você não é minha mãe", alguém deve marcar sua testa, expulsá-lo da cidade e fazê-lo sair de casa.

A mesma ambiguidade sobre a marca se encontra aqui. Alguns consideram a palavra "testa" como indicativa do cabelo da cabeça. Então, a cabeça dele deveria ser raspada. "Sair de casa" significa ser afastado de todos os parentes. Mas aqui o filho conserva sua liberdade, apesar de se ver exilado e sem teto familiar. Nesse caso, não é a mãe que aplica a penalidade. No original, o verbo está conjugado na forma plural e provavelmente é a família ou os magistrados da cidade que aplicam a lei.

3. Deserdação do filho pelo pai. – Se um pai disser ao filho "Você não é meu filho", ele deverá sair de casa e do quintal.

Aqui o pai tem poder para repudiar um filho, que deverá ir embora. O verbo "sair" é tradução do original "levantar-se". A palavra "quintal" indica simplesmente "recinto" e pode significar as muralhas da cidade, como símbolo de abrigo.

4. Deserdação do filho pela mãe. – Se uma mãe disser a seu filho "Você não é meu filho", ele deverá deixar casa e propriedade.

Por analogia com as leis 1 e 2, acreditamos que essa penalidade seja um pouco menor que a da 3. A "propriedade" significa "móveis da casa". O filho deve sair de casa e não pode levar nada do que pertence à família. Não tem direito de herdar absolutamente nada. Mas não precisa sair da cidade. Por isso parece provável que a lei 3 lhe tenha negado o direito de usufruir do abrigo na cidade.

5. Repúdio do marido pela esposa. – Se uma esposa passou a detestar o marido e disser "Você não é meu marido", deverá ser jogada no rio.

6. Repúdio da esposa pelo marido. – Se um marido disser à esposa "Você não é minha esposa", ele deverá pagar meia mina de prata.

O contraste nas penalidades é surpreendente. Note-se a forma impessoal da lei 5. Os executores, nesse caso, são a família ou a cidade, não o marido. O fato, portanto, é tornado público. Não se trata de uma briga de casal, mas uma recusa dos direitos conjugais. No segundo caso, o homem se divorcia ou afasta sua esposa, mas paga uma multa pesada.

7. Responsabilidade do empregador. – Se um homem contratou um escravo e este morreu, se perdeu, fugiu, ficou incapacitado ou caiu doente, deverá pagar 10 medidas de cereais por dia como salário.

Aqui o texto sumério difere do semita. O sumério diz que o empregador "causa" esses problemas ao escravo, ao passo que o semita diz que o empregador é surpreendido por eles. O verbo traduzido como "perdeu-se" tem o mesmo sentido que lhe é conferido no Código de Hamurabi. O sentido exato da expressão "ficou incapacitado" não é muito claro. Alguns traduzem como "evadiu-se", "desapareceu". Mas é claro que o empregador deve pagar uma multa diária por danos causados ao escravo ou por perdas para seu proprietário, causadas ou toleradas por ele. A recusa do escravo em trabalhar não poderia ser motivo para multá-lo. Se alguém tivesse de pagar por isso, seria o proprietário. O empregador paga pelo trabalho do escravo, mas é obrigado a mantê-lo seguro, tratá-lo razoavelmente bem e devolvê-lo em boas condições ao proprietário. Em tempos posteriores, o proprietário costumava correr o risco de morte e de fuga, mas então, provavelmente, cobrava mais pelo empréstimo do escravo. De qualquer forma, está claro que o proprietário não é mencionado nesta lei.

Não é de grande proveito discutir esses meros fragmentos de um código. O mais interessante é a existência deles. Algum dia, poderemos recuperar o Código na íntegra. Essas não são retraduções para o sumério, feitas por escribas instruídos, de leis posteriores, pois essas palavras e frases ocorrem exatamente nos contratos da primeira dinastia da Babilônia, antes e depois do Código de Hamurabi, que trata dos mesmos casos, mas com palavras diferentes. De fato, esse Código Sumério é citado em documentos que incorporam o acordo feito sob juramento pelas partes de observar a seção do Código aplicável ao caso. Essa é, na verdade, a característica dos primeiros contratos: depois de indicar os pormenores do caso, um juramento é acrescentado no intuito de que as partes vão cumprir a lei que se aplica ao caso. Mesmo quando não se faz nenhuma referência a uma lei, é porque não havia lei promulgada sobre esse ponto ou porque a lei era claramente subentendida ou sobejamente conhecida para que fosse necessário mencioná-la.

Mais tarde, esse espírito de cumprimento da lei ficou menos evidente, e o contrato se tornou um instrumento privado para sancionar compromissos mútuos. Mas, mesmo assim, havia consciência de que existia uma lei que obrigava as partes a respeitar os termos de um compromisso voluntariamente contraído.

V

O CÓDIGO DE HAMURABI

OBSERVAÇÃO INICIAL

Os textos da Antiguidade que chegaram até nós chamam a atenção do leitor moderno por sua forma de expressar ideias ou conceitos e descrever fatos ou eventos. A principal peculiaridade deles é que repetem à exaustão, numa mesma frase, o termo ou os termos de maior importância, dando a impressão de que o redator tinha receio de não ser suficientemente claro ou de deixar escapar qualquer detalhe ou minúcia que pudesse resultar num texto vago ou impreciso.

Se for tomado, como exemplo, o parágrafo ou artigo 42 do Código de Hamurabi, código que será transcrito a seguir, sua tradução poderia ser a seguinte, na linguagem moderna: "Se um homem arrendou um campo para cultivar e não colheu nada, será responsabilizado por não ter trabalhado a contento e deverá dar ao proprietário do terreno uma quantidade de cereais correspondente à que o vizinho colheu em área igual."

A tradução literal do mesmo artigo apresenta o seguinte resultado: "Se um homem arrendou um campo para cultivá-lo e não produziu grãos no campo, ele será responsabilizado por não ter trabalhado bem o campo e dará ao proprietário do campo grão correspondente ao produzido pelo vizinho."

Veja-se também o artigo 57: "Se um pastor não entrou em acordo com o dono do campo para apascentar suas ovelhas e, sem o consentimento do proprietário do campo, deixou suas ovelhas pastar nesse campo, o dono do campo fará a colheita, mas o pastor que, sem permissão do dono do campo, apascentou ali suas ovelhas, deverá dar ao dono do campo 20 *gur* de grão para cada *gan* de terreno."

Assim também no parágrafo ou artigo 235 do Código, em que se lê: "Se um barqueiro impermeabilizou um barco para um homem livre e não fez seu trabalho de maneira adequada e, nesse mesmo ano, o barco, em viagem, sofreu danos, o barqueiro deverá desmontar esse barco, reconstruí-lo por conta própria, torná-lo resistente e deverá entregar o barco reforçado ao dono do barco."

Na tradução do Código de Hamurabi, que ora se apresenta, preferiu-se seguir com a maior fidelidade possível a tradução do original (em escrita cuneiforme) feita pelo padre Jean-Vincent Scheil e seguida, em princípio, pelo autor deste livro, Claude Hermann Walter Johns. Essa tradução é praticamente literal e foi preferida a uma mais moderna ou sofisticada ou gramaticalmente mais palatável por dois motivos. Em primeiro lugar, para conservar, de forma mais integral, a redação do texto original que data de quase quatro milênios. Em segundo lugar, a tradução literal permite apreciar a maneira que os antigos adotavam para escrever e redigir textos. Por vezes podem parecer elaborações monótonas ou enfadonhas, mas, na verdade, nos fazem remontar aos primórdios da escrita na história da humanidade. Só por isso merecem ser traduzidos de forma literal, sempre que possível. Aliás, essa tem sido a técnica adotada por todos os estudiosos e arqueólogos que se debruçam sobre descobertas de textos antigos. É óbvio que não há nada que impeça que se lhes dê também uma roupagem textual mais condizente com nossos tempos e com nosso modo de nos expressar. Mas a tradução a seguir, repete-se, procurará ser o mais fiel possível à letra, como o fez seu primeiro tradutor, Jean-Vincent Scheil.

PRÓLOGO DO CÓDIGO DE HAMURABI

Quando o deus altíssimo (*Anu*), rei dos espíritos do céu (*Anunaki*), e *Bel*, senhor do céu e da terra, que decreta o destino de todos, outorgaram a *Marduk*, o primogênito de *Ea*, senhor deus do que é correto, um poder sobre os homens e o exaltaram entre os espíritos da terra (*Igigi*); então eles pronunciaram o sublime nome de Babilônia, tornaram-na renomada em todos os quadrantes da terra e nela fundaram uma realeza eterna, cujo trono é firme como o céu e a terra; então deus (*Anu*) e *Bel* me chamaram pelo nome, Hamurabi, sumo príncipe, temente a deus, para fazer justiça na terra, banir o orgulhoso e o opressor, para que o grande não oprima o fraco, para se levantar como o sol por sobre a raça dos cabeças negras (humanidade) e iluminar a terra, para dar saúde a toda a carne.

Eu sou Hamurabi, o (bom) pastor, o escolhido de *Bel*, sou eu, aquele que acumula riqueza e abundância, aquele que realiza todos os propósitos para Nipur e Durili (epíteto de Nipur ou de parte dela?), que adornei suntuosamente o *Ekur* (templo de *Bel*). Com soberana autoridade, restaurei Eridu e purifiquei *Ezuab* (templo de *Ea*). Por meio de conquistas nos quatro cantos da terra, elevei à magnificência o nome de Babilônia e alegrei o coração de *Marduk*, meu senhor, a quem todos os dias presto minhas reverentes homenagens na *Esagila* (templo de *Marduk* em Babilônia). Descendente de reis que *Sin* havia gerado, enriqueci a cidade de Ur, e suplicando humildemente, trouxe abundância para *Enernugal* (templo de *Sin* em Ur).

Rei dotado de conhecimento, instruído por *Shamash*, o juiz, fortifiquei as fundações de Sippar, revesti de verde o santuário de *Aya* (consorte de *Shamash*) e planejei *Ebabbar* (templo de *Shamash* em Sippar) como uma habitação dos céus. Com as armas, vinguei Larsa (dominada pelo elamita Rim-Sin) e restaurei o *Ebabbar* (templo de *Shamash* em Larsa) para *Shamash*, meu aliado.

Como senhor, dei vida nova a Erech, fornecendo abundância de água a seu povo, e completei o pináculo de *Eanna* (templo de *Nana* em Erech). Completei a glória de *Anu* e *Ninni*. Como protetor de meu reino, reuni o povo disperso de Nisin (recentemente reconquistado dos elamitas) e reabasteci o tesouro de *Egalmah* (templo de Nisin). Como potentado real da cidade e próprio irmão do deus *Zamama*, ampliei o palácio em Kish e cobri de esplendor *Emeteursag* (templo de Kish). Tornei seguro o grande santuário de *Ninni*. Cuidei do templo de *Harsagkalama Ekisalnakiri*, seguindo meu desejo.

Restaurei Kutha e aumentei tudo no *Esidlam* (templo local); como touro indomável, destrocei meus inimigos. Predileto de *Tutu* (outro nome de *Marduk*), em meu amor por Borsipa, com incansável propósito, cuidei de *Ezida* (templo de Nabu).

Como um deus, rei da cidade, conhecedor e visionário, olhei para as plantações de Dilbat e construí seus celeiros para *IB* (deus de Dilbat), o poderoso, o senhor, cujos ornamentos são o cetro e a coroa, e com os quais me investiu. Como bem-amado de *Mama* (consorte de *IB*), erigi os baixos-relevos em Kish e renovei os alimentos sagrados para *Erishtu* (deusa de Kish). Com previsão e poder, procurei fornecer pastagens e água para Sirpurla e Girsu e depositei imensas ofertas em *E-50* (templo dos "cinquenta" em Sirpurla) e dispersei meus inimigos.

Como o protegido de *Telitim* (um deus), cumpri os oráculos de Hallab e alegrei o coração de *Gisdar* ou *Ishtar* (sua deusa). Príncipe puro, cujas orações *Adad* conhece, tranquilizei o coração de *Adad*, o guerreiro em Bit-Karkara, mantive tudo o que pertencia a *Eudgalgal* (templo local). Como rei que dá vida a Adab, restaurei o *Emah* (templo de Adab).

Como herói e rei da cidade, combatente sem rival, dei vida a Mashkan-Shabri e verti abundância no *Sitlam* (templo de Nergal). Sábio, restaurador, que havia conquistado todos os rebeldes, eu salvei o povo de Malká da ruína; restabeleci solidamente sua morada na prosperidade. Difundi o culto de *Ea* e de *Damgalnunna* e estabeleci para sempre ofertas puras para essas divindades. Como primeiro dos reis, subjuguei todas as regiões do Eufrates.

Sob as ordens de *Dagan*, que me criou, vinguei o povo de Mera e de Tutul. Como sumo príncipe, alegrei a face de *Ninni*, assegurei as oferendas puras a *Ninazu*. Salvei meu povo da fome, assegurando-lhe bem-estar em Babilônia, na paz e na segurança. Como pastor de meu povo, servo cujas obras são agradáveis a *Gisdar* em *Eulmash* (templo de *Anunit*), no meio de Agade, conhecida por suas largas praças, proclamei as ordens e endireitei o Tigre.

Conduzi para Assur o gracioso colosso e estabeleci o altar de sua protetora. Como rei de Nínive, fiz brilhar as águas de *Nínni* em *Edupdup*. Destemido e sábio nos empreendimentos em favor dos grandes deuses, descendente de Sumu-lail, filho primogênito de Sin-mubaliṭ, rebento eterno de realeza, grande rei, sol real de Babilônia, fiz surgir luz sobre a Suméria e Acad, um rei que submete à obediência os quatro cantos da terra, bem-amado de *Ninni*, este sou eu.

Quando *Marduk* me escolheu para dirigir todos os povos e me encarregou de fazer justiça, estabeleci justiça e a verdade nas províncias, fiz toda a carne prosperar. Então: (*seguem-se as leis do Código*).

AS LEIS DO CÓDIGO

1. Se um homem acusar a outro de proferir contra ele ameaça de morte, mas não conseguir comprovar, o acusador será morto.

2. Se um homem acusar outro de ter sido ameaçado com feitiçaria, mas não conseguir comprovar, o acusado deverá ir ao rio sagrado e mergulhar nele; se afundar nas águas do rio sagrado, o acusador tomará posse da casa do acusado; se o rio sagrado mostrar a inocência do acusado e ele sair ileso, o acusador será morto e aquele que mergulhou no rio tomará para si a casa do acusador.

3. Se um homem deu falso testemunho num processo e não conseguiu provar o que declarou, se esse caso for um julgamento capital, esse homem será morto.

4. Se ele deu falso testemunho numa causa de cereais ou de prata, deverá arcar com a pena imposta nesse processo.

5. Se um juiz proferiu um veredicto, deu sua sentença, mandou lavrar o documento e depois alterou a sentença, esse juiz será processado por alterar a sentença que proferiu e pagará até doze vezes a pena prevista nesse julgamento. Além disso, deverá ser expulso publicamente do tribunal e não poderá retornar e tomar assento com os juízes num processo.

6. Se um homem roubou bens de um deus ou do palácio, esse homem será morto; e aquele que recebeu de suas mãos o objeto roubado será morto.

7. Se um homem comprou ou recebeu em custódia prata, ouro, escravo ou escrava, boi ou ovelha, jumento ou qualquer outra coisa das mãos de um filho de outro homem ou do escravo de outro homem, sem testemunha nem contrato, esse homem é ladrão e será condenado à morte.

8. Se um homem roubou um boi, uma ovelha, um jumento, um porco ou um barco: se for de um deus ou do palácio, deverá pagar até trinta vezes mais. Se o lesado for um plebeu, deverá restituir até dez vezes mais. Se o ladrão não tiver com que restituir, será morto.

9. Se um homem perdeu um objeto e o encontrou nas mãos de outro, e se este homem em cujas mãos foi encontrado o objeto perdido declarou "Um vendedor o vendeu a mim e eu o comprei na presença de testemunhas"; e se o dono do objeto disser "Posso trazer testemunhas que podem reconhecer meu objeto perdido"; então, se o comprador trouxer o vendedor que lhe entregou o objeto e as testemunhas diante das quais o comprou e se o dono do objeto perdido trouxer as testemunhas que reconhecem o objeto perdido, o juiz vai examinar os argumentos deles. As testemunhas diante das quais a compra foi feita e as testemunhas que conhecem o objeto perdido deverão declarar sob juramento o que sabem. Esse vendedor é ladrão e será morto. O proprietário do objeto perdido recuperará seu objeto extraviado. O comprador deverá recuperar o valor pago na casa do vendedor.

10. Se o comprador não tiver apresentado o vendedor que lhe vendeu o objeto ou as testemunhas diante das quais o comprou, ao passo que o dono do objeto perdido trouxe as testemunhas que conhecem o objeto perdido como sendo dele, então o comprador é um ladrão e será morto. O dono do objeto perdido retomará seu pertence extraviado.

11. Se, por outro lado, o dono do objeto perdido não trouxe as testemunhas que reconhecem o objeto perdido como sendo dele, ele é culpado de calúnia, fez uma denúncia falsa e será condenado à morte.

12. Se o vendedor já tiver morrido, o comprador tomará da casa do vendedor até cinco vezes o valor daquilo que tem direito de reclamar nesse processo.

13. Se as testemunhas desse homem não estiverem nas proximidades, o juiz lhe concederá um prazo fixo de até seis meses; se, no sexto mês, ele não trouxer suas testemunhas, esse homem é um mentiroso e deverá arcar com a pena imposta nesse processo.

14. Se um homem roubou o filho menor de idade de outro homem, será morto.

15. Se um homem tiver induzido a sair das portas da cidade (fugir) um escravo ou uma escrava do palácio, um escravo ou uma escrava de um plebeu, ele será morto.

16. Se um homem abrigou em sua casa um escravo ou uma escrava, fugitivos do palácio ou da casa de um plebeu, e se, a mando do funcionário encarregado, não o fizer sair, o dono dessa casa será morto.

17. Se um homem apanhou em campo aberto um escravo ou uma escrava em fuga e o devolver a seu dono, o dono do escravo lhe dará dois siclos de prata.

18. Se esse escravo não quis revelar o nome de seu proprietário, ele o levará ao palácio, onde seu segredo será desvendado e será devolvido a seu dono.

19. Se ele reteve esse escravo escondido em sua casa e depois o escravo foi surpreendido dentro dessa casa, esse homem será morto.

20. Se o escravo fugiu das mãos daquele que o apanhou, esse homem proferirá um juramento em nome da divindade ao dono do escravo e ficará livre de culpa.

21. Se um homem arrombou uma casa, ele será morto diante da brecha que abriu para entrar e será enterrado ali mesmo.

22. Se um homem cometeu assalto na estrada e foi preso, esse homem será morto.

23. Se o assaltante não foi preso, o homem que foi assaltado deverá declarar sob juramento o que perdeu e a cidade e o governador, em cujo território e distrito foi cometido o assalto, o compensarão de tudo o que perdeu.

24. Se uma vida foi perdida, a cidade e o governador deverão pagar uma mina de prata à família.

25. Se um incêndio irrompeu na casa de um homem e alguém, que veio para apagá-lo, pôs os olhos cheios de cobiça num dos bens do dono da casa e se apropriou dele, esse homem será lançado nesse mesmo fogo.

26. Se um comandante ou um soldado, convocado para uma expedição ordenada pelo rei, não partiu ou contratou um substituto e o enviou em seu lugar, esse comandante ou soldado será morto e seu substituto tomará a casa do desertor.

27. Se um comandante ou um soldado tiver sido destacado a serviço de uma das fortalezas do rei e, em sua ausência, seu campo e seu pomar foram entregues a outro que assumiu o serviço, ao retornar e chegar à sua cidade, seu campo e pomar lhe serão devolvidos e ele reassumirá seu serviço.

28. Se um comandante ou um soldado tiver sido destacado a serviço de uma das fortalezas do rei e tiver um filho capaz de assumir seu trabalho, o campo e o pomar serão dados a ele, que assumirá o serviço do pai.

29. Se o filho for criança ainda e não puder assumir o serviço do pai, um terço do campo e do pomar será entregue à mãe do menino e sua mãe o criará.

30. Se esse comandante ou soldado desde o início negligenciou o serviço de seu campo, de seu pomar e de sua casa e os abandonou; e se outro tomou seu campo, seu pomar e sua casa, e durante três anos cuidou deles, quando o ausente retornar e quiser retomar seu campo, seu pomar e sua casa não lhe serão devolvidos; aquele que cuidou deles e assumiu o serviço continuará a fazê-lo.

31. Se ele se ausentou e deixou seus bens no abandono por um ano apenas e retornou, então o outro lhe devolverá seu campo, seu pomar e sua casa e ele próprio reassumirá seu serviço.

32. Se esse comandante foi destacado para uma expedição do rei e, feito prisioneiro, um mercador o resgatou e o ajudou a retornar à sua cidade; se ele tiver meios em sua casa para pagar o resgate ao mercador, ele próprio o fará; se não tiver meios em sua casa para saldar o resgate, será resgatado pelo tesouro do templo de sua cidade; se no templo de sua cidade não houver meios para pagar esse resgate, o palácio deverá resgatá-lo; mas seu campo, seu pomar ou sua casa não poderão ser dados em troca do resgate.

33. Se um governador ou um prefeito possuía tropas (*tradução possível pelo contexto, pois alguns termos originais são totalmente desconhecidos*) e aceitou e enviou, a serviço do rei, um mercenário como substituto, esse governador ou esse prefeito será morto.

34. Se um governador ou um prefeito se adonou dos bens de um soldado, oprimiu um soldado, alugou um soldado, entregou um soldado nas mãos de um poderoso num processo, roubou o presente que o rei dera ao soldado, esse governador ou prefeito será morto.

35. Se um homem comprou das mãos de um soldado bois ou ovelhas que o rei lhe havia dado, ele perderá seu dinheiro.

36. O campo, o pomar ou a casa de um comandante, de um soldado ou de alguém obrigado a tributo não poderão ser vendidos.

37. Se um homem comprou o campo, o pomar ou a casa de um comandante, de um soldado ou de alguém obrigado a tributo, sua tabuleta de contrato será quebrada, ele perderá seu dinheiro e campo, pomar e casa retornarão a seu dono.

38. Um comandante, um soldado ou alguém obrigado a tributo não poderá legar à sua esposa ou à sua filha um campo, pomar ou casa de seu benefício, nem poderá cedê-los para saldar uma dívida.

39. Ele poderá, no entanto, legar à esposa ou à filha ou ceder, para saldar uma dívida, um campo, pomar ou casa que comprou ou adquiriu.

40. Uma sacerdotisa, um mercador ou um residente estrangeiro poderão vender seu campo, pomar ou casa; e o comprador deve assumir o serviço ligado ao campo, ao pomar ou a casa que comprou.

41. Se um homem trocou um campo, um pomar ou uma casa com um comandante, com um soldado ou com alguém obrigado a tributo e pagou um valor a mais na troca, esse comandante, soldado, ou obrigado a pagar tributo retornará a seu campo, a seu pomar ou à sua casa e se adonará do valor a mais que lhe havia sido pago.

42. Se um homem arrendou um campo para cultivá-lo e não produziu grãos nesse campo, ele será responsabilizado por não ter trabalhado bem o campo e dará ao proprietário do campo grão correspondente ao produzido pelo vizinho.

43. Se ele não cultivou o campo e o deixou improdutivo, deverá dar ao proprietário do campo grão correspondente ao produzido pelo vizinho e terá ainda de arar o campo que ele negligenciou, prepará-lo para o cultivo e devolvê-lo ao dono.

44. Se um homem arrendou um campo inculto por um prazo de três anos, a fim de desbastá-lo e prepará-lo, mas o deixou intocado e não preparou a terra, no quarto ano ele deverá desbastá-la, revolvê-la, desterroá-la e devolvê-la ao proprietário do campo, e deverá medir (e dar) dez *gur* (um *gur* equivalia a cerca de 300 litros) de cereais para cada *gan* (pouco menos de dois hectares) de terreno.

45. Se um homem arrendou seu campo a um agricultor e recebeu o valor correspondente ao arrendamento, mas depois o campo foi inundado pela chuva ou uma tempestade destruiu a colheita, o prejuízo será do agricultor.

46. Se ele ainda não recebeu o valor do arrendamento de seu campo, que o tenha arrendado pela metade ou por um terço da colheita, o agricultor e o proprietário do campo dividirão o grão que foi produzido no campo, na proporção fixada.

47. Se um agricultor arrendatário, por não ter conseguido produção satisfatória no primeiro ano, encarregar outro para cultivar o campo, o proprietário do campo não fará objeção; seu campo foi cultivado e, na época da colheita, ele tomará a parte que lhe toca de acordo com o contrato.

48. Se um homem tiver dívidas e uma tempestade inundou seu campo ou destruiu a colheita, ou por falta de água o grão não vingou no campo, naquele ano ele não precisará dar grãos a seu credor; além disso, poderá adiar seu contrato e não pagará os juros desse ano.

49. Se um homem tomou dinheiro emprestado de um mercador e deu a este, como garantia, um campo preparado para o cultivo de cereais ou de gergelim, dizendo-lhe: "Cultive o campo e colha o grão ou o gergelim produzido." Se um agricultor produziu no campo cereais ou gergelim, na época da colheita, o proprietário do campo colherá os cereais ou o gergelim produzidos no campo e dará ao mercador grão suficiente para cobrir o valor do dinheiro emprestado, com os respectivos juros, e cobrirá ainda as despesas que o mercador teve na manutenção do cultivador.

50. Se entregou um campo já cultivado com cereais ou um campo plantado com gergelim, o proprietário do campo colherá os cereais ou o gergelim produzidos no campo e restituirá ao mercador o dinheiro com os devidos juros.

51. Se ele não tiver dinheiro para restituir, deverá dar ao mercador gergelim ou grão suficiente para cobrir o empréstimo que tomou do mercador e os juros correspondentes, de acordo com a regulamentação do rei.

52. Se o agricultor não produziu grãos ou gergelim no campo, ele (o mercador) não poderá mudar o contrato.

53. Se um homem foi negligente em fortificar seu dique e não o manteve bem firme e uma brecha se abriu nele e as águas inundaram os campos, o homem em cujo dique se abriu a brecha deverá indenizar pelo grão que se perdeu.

54. Se ele não conseguir indenizar o grão perdido, venderão a ele e a seus bens, e os donos dos campos inundados, cujo grão as águas carregaram, dividirão entre si a quantia arrecadada.

55. Se um homem abriu o canal de irrigação, foi negligente e a água inundou o campo do vizinho, ele deverá pagar em grãos o correspondente a uma colheita de outro vizinho.

56. Se um homem abriu as comportas da água e a água carregou a plantação do campo de seu vizinho, ele deverá medir e pagar dez *gur* (um *gur* equivalia a cerca de 300 litros) de grãos para cada *gan* (pouco menos de dois hectares) de terreno.

57. Se um pastor não entrou em acordo com o dono do campo para apascentar suas ovelhas e, sem o consentimento do proprietário do campo, deixou suas ovelhas pastar nesse campo, o dono do campo fará a colheita, mas o pastor que, sem permissão do dono do campo, apascentou ali suas ovelhas, deverá dar ao dono do campo 20 *gur* de grão para cada *gan* de terreno.

58. Se, depois que as ovelhas deixaram as pradarias e passaram para o aprisco comum dentro das portas da cidade, um pastor conduzir suas ovelhas para o campo e ali as apascentar, o pastor conservará o campo em que apascentou os animais e, na época da colheita, medirá para o proprietário do campo 60 *gur* (cerca de 3.000 litros) de grãos para cada *gan* (pouco menos de dois hectares) de terreno.

59. Se um homem, sem o consentimento do proprietário de um pomar, cortou uma árvore no pomar de outro, deverá pagar meia mina de prata.

60. Se um homem deu um campo a um agricultor para plantar um pomar, se o agricultor o plantou, ele deverá cuidar do pomar por quatro anos; no quinto ano, o dono do pomar e o agricultor dividirão os frutos colhidos em partes iguais; o dono do pomar escolherá sua parte e a levará.

61. Se o agricultor, na plantação de um campo ou de um pomar, não plantou todo o terreno, mas deixou uma parte de terra inculta, ele deverá incluir o pedaço de terra não cultivado na parte que lhe toca.

62. Se ele não plantou como pomar o campo que lhe foi confiado, então, se era terra arável, o agricultor deverá medir, como compensação para o dono do campo, um rendimento pelos anos que foram negligenciados, segundo o rendimento conseguido por seu vizinho; além disso, deverá executar o trabalho estipulado no campo e restituí-lo ao proprietário.

63. Se a terra era inculta, ele fará o trabalho estipulado no campo e o restituirá ao proprietário; além disso, deverá medir, para cada ano, 10 *gur* (um *gur* equivale e cerca de 300 litros) de grãos para cada *gan* (pouco menos de dois hectares) de terreno.

64. Se um homem entregou seu pomar a um agricultor para fazê-lo frutificar, o agricultor, enquanto mantiver o pomar, dará ao proprietário dois terços da produção colhida e ficará com um terço.

65. Se o agricultor não fez o pomar frutificar e diminuiu o rendimento, o agricultor deverá pagar ao proprietário um rendimento do pomar igual ao de seu vizinho.

Nesse ponto, aparecem sete colunas apagadas na estela de Susa, das quais as três seções a seguir são restauradas a partir de cópias de outras fontes, conservadas na biblioteca de Assurbanípal, e indicadas por letras do alfabeto. Há reconstruções de outros artigos ou parágrafos dessa parte raspada da estela, mas são todas hipotéticas, repletas de dúvidas e de lacunas, tornando algumas delas até mesmo incompreensíveis. Por isso se preferiu deixá-las de lado.

X. Se um homem tomou dinheiro emprestado de um mercador e deu em pagamento um pomar de tamareiras ao mercador, dizendo-lhe: "Tome por seu dinheiro as tâmaras de meu pomar". Esse mercador não poderá concordar; o proprietário do pomar deverá colher as tâmaras que estão no pomar e pagará com elas o dinheiro do mercador junto com os juros devidos, de acordo com o contrato constante na tabuleta; e o proprietário do pomar tomará para si o restante das tâmaras.

Y. Se um homem alugou uma casa e pagou ao proprietário da casa o aluguel total de um ano e se o proprietário da casa ordenar que o locatário saia da casa antes do término do prazo, o proprietário da casa, porque ordenou que o locatário deixasse a casa antes do prazo estipulado, devolverá uma quantia proporcional daquilo que o locatário havia adiantado.

Z. Se um homem tomou dinheiro emprestado de um mercador e não tem cereais ou dinheiro com que restituir, mas possui outros bens, tudo o que estiver em suas mãos, ele poderá dar ao mercador, diante de testemunhas; o mercador não deverá se opor, mas deverá aceitar.

Depois da perda de cerca de 35 artigos ou parágrafos, o Código continua:

100. Se um agente tiver recebido dinheiro de um mercador, deverá anotar o valor e quais devem ser os juros a pagar; e quando retornar da viagem, contará seus dias e reembolsará o mercador.

101. Se na região para onde foi não teve lucro, deverá devolver ao mercador o dobro do dinheiro que recebeu.

102. Se o mercador deu dinheiro como capital de trabalho e na região para onde ele foi teve prejuízo, ele deverá restituir o capital ao mercador.

103. Se, durante a viagem, um inimigo lhe tomou o que carregava, o agente especificará o valor sob juramento à divindade e será isentado de culpa.

104. Se um mercador deu, a um agente, cereais, lã, óleo ou qualquer tipo de mercadoria para negociar, o agente deve anotar o valor em dinheiro e deverá entregá-lo ao mercador. O agente deve então receber uma tabuleta timbrada do dinheiro que deu ao mercador.

105. Se o agente foi negligente e não exigiu a tabuleta timbrada como comprovante do dinheiro que deu ao mercador, o dinheiro sem documento timbrado não poderá ser incluído na contagem.

106. Se um agente tiver recebido dinheiro de um mercador e se desentendeu com ele quanto ao valor, esse mercador o denunciará sob juramento diante de testemunhas, comprovando o montante emprestado, e o agente deverá pagar o triplo de todo o dinheiro que recebeu.

107. Se um mercador adiantou dinheiro a um agente e este restituiu ao mercador todo o dinheiro que recebera, mas o mercador contestou o valor que o agente lhe deu, esse agente deverá comprovar sob juramento e diante de testemunhas, e o mercador, por ter contestado o agente, deverá pagar até seis vezes mais tudo o que o agente recebeu.

108. Se uma taberneira não recebeu grão como pagamento da cerveja, mas exigiu prata em valor excessivo ou tiver dado uma medida de cerveja inferior ao que corresponderia à medida de grãos, essa taberneira deverá ser processada e atirada na água.

109. Se uma taberneira permitiu a reunião de malfeitores sediciosos em sua casa, e não os fez prender e conduzir ao palácio, essa taberneira será morta.

110. Se uma sacerdotisa, que não mora no recinto do convento, abrir uma taberna de cerveja ou entrar numa para beber, essa mulher será condenada à fogueira.

111. Se a taberneira deu uma jarra de cerveja, sem cobrar, para matar a sede, na época da colheita, ela deverá receber 50 *qa* (um *qa* equivalia a cerca de um litro) de grãos.

112. Se um homem em viagem deu prata, ouro, pedras preciosas ou bens móveis a outro homem para transportar e, se esse homem não entregou a mercadoria consignada no local para onde devia ser transportada, mas se apropriou dela, o proprietário das mercadorias transportadas deverá processar o transportador que deverá pagar ao dono das mercadorias até o quíntuplo de tudo o que lhe havia sido confiado.

113. Se um homem é credor de cereais ou de dinheiro de outro e, sem o consentimento do dono dos cereais, retirar cereais do celeiro ou da eira, o dono dos cereais deverá processá-lo por ter tirado grãos do celeiro ou da eira, sem seu consentimento, e o homem terá de restituir todo o grão que retirou e perderá também tudo o que tinha emprestado.

114. Se um homem não é credor de cereais ou de dinheiro de outro e, apesar disso, tomou garantias deste, para cada uma dessas garantias deverá pagar um terço de uma mina de prata.

115. Se um homem era credor de cereais ou de dinheiro de outro e tomou sua garantia e essa garantia morreu de morte natural na casa do credor, este não pode ser responsabilizado.

116. Se a garantia morreu por causa de maus-tratos ou golpes na casa do credor, o proprietário da garantia processará seu credor e, se o morto era filho de homem livre, o filho do credor será morto; se a garantia era um escravo, o credor pagará um terço de uma mina de prata e, além disso, perderá tudo o que tinha emprestado.

117. Se um homem tem uma dívida e vendeu sua esposa, seu filho ou sua filha ou os entregou a serviço pela dívida, eles deverão trabalhar na casa do credor durante três anos, mas no quarto ano ele os libertará.

118. Se um devedor entregou um escravo ou uma escrava a serviço pela dívida e o credor o levou para fora do país e o vendeu, não caberá qualquer reivindicação.

119. Se um homem tiver uma dívida e a quitou entregando uma de suas escravas, que lhe gerou filhos, o dono da escrava poderá pagar o dinheiro que o mercador desembolsou e resgatar sua escrava.

120. Se um homem depositou para armazenagem seu grão na casa de outro e sofreu perda no celeiro, seja porque o dono da casa abriu o celeiro e retirou grão, seja porque contestou a quantidade de grão armazenada em sua casa, o proprietário do grão declarará sob juramento a quantidade de seu grão e o dono da casa deverá devolver ao proprietário do grão o dobro do que retirou.

121. Se um homem armazenou grão na casa de outro, ele deverá dar, por ano, como taxa de armazenamento, cinco *qa* (um *qa* equivalia a cerca de um litro) de grão para cada *gur* (cerca de 300 litros).

122. Se um homem der a outro, em custódia, prata, ouro ou qualquer outro bem, deverá mostrar tudo o que entregar a testemunhas, redigir um contrato e então poderá dar tudo em custódia.

123. Se ele deu em custódia sem testemunhas e sem contrato, e foi fraudado no local onde depositou os bens, não poderá reivindicar nada.

124. Se um homem deu em custódia a outro, diante de testemunhas, prata, ouro ou qualquer outro bem, e este contestou, ele deverá processar esse homem, que deverá lhe dar o dobro de tudo o que contestou.

125. Se um homem deu qualquer coisa sua em custódia e, no local onde a depositou, alguma coisa dele foi perdida juntamente com coisas pertencentes ao proprietário da casa, quer tenha sido por uma brecha na parede da casa ou por uma invasão pelo alto dos muros, o dono da casa, por ter sido negligente, deverá substituir tudo o que lhe foi dado em custódia e foi perdido e devolver ao proprietário dos bens; o dono da casa deverá procurar o que perdeu e retomá-lo do ladrão.

126. Se um homem disser que alguma coisa dele despareceu, mas na realidade não desapareceu, e lançou a culpa no distrito; este comprovará diante do deus da cidade que nada desapareceu, e esse homem deverá pagar ao distrito o dobro daquilo que reclamou.

127. Se um homem levantou o dedo contra uma sacerdotisa ou contra a esposa de outro homem, e não comprovou a acusação, esse homem deverá ser conduzido diante dos juízes e lhe rasparão (ou marcarão) a testa.

128. Se um homem tomou uma esposa e não redigiu um contrato de casamento, essa mulher não é sua esposa.

129. Se a esposa de um homem foi flagrada deitada com outro, os dois serão amarrados e jogados na água; se o marido perdoar a esposa, o rei poderá perdoar seu servo.

130. Se um homem arrebatou a noiva de outro, que ainda não conheceu homem e que mora ainda na casa do pai, e foi surpreendido deitado com ela, esse homem será morto; a mulher será posta em liberdade.

131. Se a esposa de um homem foi acusada pelo marido e se ela não foi surpreendida deitada com outro, ela deverá declarar sua inocência sob juramento diante da divindade e poderá voltar para sua casa.

132. Se foi levantado o dedo contra a esposa de um homem por causa de outro homem, mas ela não foi surpreendida deitada com esse homem, ela deverá, por causa de seu marido, mergulhar no rio.

133. Se um homem foi feito prisioneiro e havia provisões em sua casa, mas sua esposa deixou a casa e entrou na casa de outro homem; porque não preservou seu corpo e entrou na casa de outro, essa mulher será processada e será atirada na água.

134. Se um homem foi feito prisioneiro e em sua casa não havias provisões, e se sua esposa entrou na casa de outro homem, essa mulher não tem culpa.

135. Se um homem foi feito prisioneiro e não havia provisões em casa, se sua esposa entrou na casa de outro e lhe gerou filhos, se depois seu (primeiro) marido voltou e chegou à sua cidade, essa mulher deverá retornar a seu primeiro marido, mas os filhos seguirão seu próprio pai.

136. Se um homem abandonou sua cidade, fugiu e se, depois que ele se foi, sua esposa entrou na casa de outro; se o homem voltar e quiser retomar sua esposa, a esposa do fugitivo não voltará para o marido, porque ele desprezou sua cidade e fugiu.

137. Se um homem decidiu repudiar uma concubina que lhe deu filhos ou uma consagrada à divindade que lhe deu filhos, ele deverá devolver a essa mulher seu dote e lhe dará o usufruto do campo, do pomar e de outros bens, para que ela crie os filhos. Depois de ter criado os filhos, deverão dar a ela a parte correspondente à herança de um filho, e ela poderá se casar com o homem de sua preferência.

138. Se um homem quiser repudiar sua esposa que não lhe gerou filhos, deverá dar-lhe o montante que foi pago pela noiva e deverá lhe restituir o dote que ela trouxe da casa do pai e então poderá se separar dela.

139. Se não houve preço pago pela noiva, ele lhe dará uma mina de prata, como indenização pelo repúdio.

140. Se ele for um plebeu, deverá dar a ela um terço de uma mina de prata.

141. Se a esposa de um homem, que mora na casa do marido, decidiu ir embora, provocou a discórdia, dilapidou sua casa, negligenciou o marido, ela será conduzida ao tribunal e, se o marido disser "Eu a repudio", ela seguirá seu caminho e ele não lhe dará absolutamente nada pela separação. Se o marido disser "Não quero repudiá-la", ele poderá tomar outra mulher por esposa e a primeira mulher viverá como escrava na casa do marido.

142. Se uma mulher passou a detestar o marido e disser "Você não terá mais relações comigo", seu caso será examinado no distrito; se ela for irrepreensível e não tiver falta e o marido a traiu e a menosprezou, essa mulher não tem culpa; poderá tomar seu dote e partir para a casa do pai.

143. Se ela não for irrepreensível, mas traiu, dilapidou a casa e menosprezou o marido, ela deverá ser jogada na água.

144. Se um homem tomou por esposa uma sacerdotisa e esta deu ao marido uma escrava que lhe gerou filhos; se esse homem estiver inclinado a tomar uma concubina, não será autorizado a fazer isso e não poderá tomar a concubina por esposa.

145. Se um homem tomou por esposa uma sacerdotisa e ela não lhe deu filhos, e se ele está determinado a tomar por esposa uma concubina, esse homem poderá se casar com a concubina e introduzi-la em sua casa, mas a concubina não poderá ser colocada em pé de igualdade com a sacerdotisa.

146. Se um homem tomou por esposa uma sacerdotisa e ela deu uma escrava a seu marido, e esta lhe gerou filhos, e depois essa escrava quis se igualar à sua patroa, por causa dos filhos que gerou, sua patroa não a venderá, mas lhe colocará a marca de escrava e a contará entre seus escravos.

147. Se ela não gerou filhos, a patroa poderá vendê-la.

148. Se um homem tomou uma esposa e uma doença a acometeu e se ele estiver determinado a tomar uma segunda esposa, ele poderá se casar com outra, mas não poderá repudiar a esposa que foi acometida pela doença. Ela deverá habitar na casa que construíram juntos e ele deverá mantê-la enquanto ela viver.

149. Se essa mulher não concordou em morar na casa do marido, ele deverá lhe devolver o dote que ela trouxe da casa do pai e ela poderá ir embora.

150. Se um homem presenteou um campo, um pomar, uma casa ou bens à sua esposa e lhe entregou uma tabuleta como comprovante do presente, seus filhos, depois da morte do marido, não poderão reivindicar o direito dela; a mãe poderá deixar sua herança ao filho predileto, mas não poderá deixá-la aos parentes dela.

151. Se uma mulher, que mora na casa de um homem, persuadiu o marido a lavrar uma tabuleta para que ela não possa ser responsabilizada por um credor de seu marido, se esse homem tinha uma dívida antes de tomar essa mulher por esposa; o credor não poderá responsabilizar a esposa e, se essa mulher tinha uma dívida antes de entrar na casa do marido, o credor não poderá responsabilizar o marido.

152. A partir do momento em que a mulher entrar na casa do homem, os dois juntos serão responsáveis por todas as dívidas assumidas daí por diante.

153. Se a esposa de um homem, por causa de outro homem, mandou matar seu marido, essa mulher será empalada.

154. Se um homem cometeu incesto com a filha, esse homem será banido da cidade.

155. Se um homem escolheu uma noiva para seu filho e seu filho teve relações com ela, e depois esse homem foi surpreendido deitado com ela, ele deverá ser amarrado e jogado na água.

156. Se um homem escolheu uma noiva para seu filho e seu filho não teve relações com ela, e esse homem dormiu com ela, ele deverá pagar a ela meia mina de prata e lhe restituir tudo o que ela trouxe da casa do pai, e ela estará livre para se casar com quem quiser.

157. Se um homem, depois da morte de seu pai, se deitar com sua mãe, os dois serão queimados juntos.

158. Se um homem, depois da morte de seu pai, for surpreendido dormindo com sua madrasta, que gerou filhos, esse homem será expulso da casa paterna.

159. Se um homem, que já mandou o presente de núpcias para a casa de seu futuro sogro e já pagou o preço da noiva, e depois olhou para outra mulher e disse a seu sogro "Não vou tomar sua filha por esposa", o pai da moça ficará com tudo o que ele tiver trazido como presente.

160. Se um homem levou um presente à casa de seu futuro sogro e pagou o preço da noiva, mas o pai da moça disse "Não vou mais lhe dar minha filha", ele deverá restituir o dobro de tudo o que lhe foi dado de presente.

161. Se um homem mandou um presente nupcial para a casa de seu futuro sogro e pagou o preço da noiva, mas seu amigo o difamou e seu sogro disse ao pretendente: "Você não vai tomar minha filha por esposa"; ele (o pai) deverá restituir em dobro tudo o que lhe foi dado de presente; e o amigo difamador não poderá tomar essa mulher por esposa.

162. Se um homem tomou uma mulher por esposa e ela lhe deu filhos, e depois essa mulher morreu, o pai dela não poderá reivindicar o dote; o dote é dos filhos dela.

163. Se um homem tomou uma mulher por esposa e ela não lhe deu filhos, e depois essa mulher morreu; se o sogro devolveu o valor pago pela noiva que esse homem havia efetuado, o marido dela não poderá reclamar o dote dessa mulher. O dote do casamento pertence, de fato, à casa do pai dela.

164. Se o sogro não devolveu o valor pago pela noiva, o marido deduzirá o valor do preço da noiva do dote e devolverá o resto do dote à casa do pai dela.

165. Se um homem deu de presente um campo, um pomar ou uma casa a seu filho predileto e redigiu um documento de comprovação, depois que o pai morrer, quando os irmãos forem repartir, ele manterá o presente que seu pai lhe deu e, além disso, participará igualmente com eles da divisão dos bens da casa paterna em partes iguais.

166. Se um homem escolheu esposas para os filhos que teve, mas não escolheu uma esposa para o filho mais novo, depois que o pai morrer, quando os irmãos fizerem a divisão, eles destinarão ao irmão mais novo, além de sua parte na herança, dinheiro suficiente para pagamento do preço da noiva, dando-lhe a possibilidade de tomar uma esposa.

167. Se um homem tomou uma esposa e ela lhe deu filhos, e depois essa mulher morreu e ele tomou uma segunda esposa, e ela também teve filhos; depois que o pai tiver morrido, os filhos não repartirão conjuntamente os dotes das mães, mas cada família tomará o dote da respectiva mãe e todos participarão igualmente da divisão dos bens da casa paterna.

168. Se um homem decidiu deserdar seu filho e declarou perante o juiz "Quero deserdar meu filho"; o juiz deverá examinar a fundo a questão e, se o filho não cometeu falta grave que merecesse ser deserdado, o pai não poderá deserdar seu filho.

169. Se ele cometeu falta grave contra seu pai, que mereça ser deserdado, por uma primeira vez será perdoado. Se ele cometer falta grave pela segunda vez, o pai poderá deserdar seu filho.

170. Se um homem teve filhos de sua esposa e também de uma escrava; se o pai, em vida, disser aos filhos que a escrava lhe gerou "Vocês são meus filhos", e os contou com os filhos de sua esposa, então, depois que o pai morrer, os filhos da esposa e os filhos da escrava dividirão em partes iguais os bens da casa paterna; mas os filhos da esposa terão precedência na escolha das partes que lhes cabem.

171. E se o pai, em vida, não disser aos filhos que a escrava lhe gerou "Vocês são meus filhos", depois que o pai tiver morrido, os filhos da escrava não participarão da divisão dos bens da casa paterna. A escrava e seus filhos, no entanto, obterão sua liberdade. Os filhos da esposa não poderão reivindicar os filhos da escrava como escravos. A esposa tomará seu dote e qualquer presente que o marido lhe tenha dado e que o tenha registrado numa tabuleta e ela habitará na casa do marido; e enquanto viver, ela usufruirá e não poderá vender; depois que morrer, sua herança é de seus filhos.

172. Se o marido não lhe tiver dado um presente, o dote será devolvido a ela integralmente e, dos bens da casa do marido, ela receberá uma parcela igual à de um filho. Se seus filhos a maltratarem para fazê-la sair de casa, o juiz examinará a questão e se a culpa é dos filhos, essa mulher não deve sair da casa de seu marido. Se essa mulher tiver decidido partir, ela deixará a seus filhos o presente que seu marido lhe deu e levará consigo o dote da casa de seu pai; e o homem que ela escolher poderá tomá-la por esposa.

173. Se essa mulher, para onde foi, gerou filhos a esse segundo marido, depois que a mulher morrer, os filhos de ambos os casamentos dividirão o dote dela.

174. Se ela não tiver gerado filhos a seu segundo marido, os filhos de seu primeiro marido dividirão entre si o dote dela.

175. Se um escravo do palácio ou um escravo de um plebeu se casou com a filha de um homem livre e ela lhe gerou filhos, o proprietário do escravo não poderá reivindicar como escravos os filhos da filha de um homem livre.

176. E se um escravo do palácio ou um escravo de um plebeu tomou por esposa a filha de um homem livre e se ela entrou na casa do escravo do palácio ou do escravo de um plebeu com um dote da casa de seu pai, e depois que se estabeleceram, formaram um lar e adquiriram bens, o escravo do nobre ou o escravo do plebeu tiver morrido, a filha do homem livre tomará seu dote; e tudo o que ela e seu marido adquiriram desde que formaram um lar será dividido em duas partes: a metade será dada ao dono do escravo e a mulher livre tomará a outra metade para seus filhos. Se a filha do homem livre não tiver dote, tudo o que seu marido e ela adquiriram desde que formaram um lar será dividido em duas partes. O dono do escravo levará metade e a outra metade a filha do homem livre destinará a seus filhos.

177. Se uma viúva, cujos filhos são pequenos, decidiu entrar na casa de outro homem, não poderá entrar na casa desse homem sem a permissão do juiz. Quando ela entrar na casa de outro homem, o juiz examinará o que resta da propriedade de seu primeiro marido e confiará a propriedade de seu primeiro marido a essa mulher e a seu segundo marido e lhes dará uma tabuleta com o inventário. Os dois conservarão a propriedade e criarão os filhos pequenos, e não poderão vender qualquer objeto. O comprador que adquirir os pertences dos filhos de uma viúva perderá seu dinheiro e deverá restituir os pertences a seu proprietário.

178. Se uma sacerdotisa ou uma mulher votada ao culto recebeu um dote de casamento do pai, que forneceu uma tabuleta de comprovação, mas na tabuleta que lhe forneceu não escreveu que ela pode deixar sua herança como bem lhe aprouver, não lhe concedendo assim o poder de total disponibilidade, depois que o pai morrer, seus irmãos poderão tomar seu campo ou seu pomar e, de acordo com o valor de sua parte, lhe darão cereais, óleo e lã, e contentarão o coração dela. Se eles não lhe derem grãos, óleo e lã, que correspondam ao valor de sua parte, e não a deixarem satisfeita, ela poderá entregar seu campo e seu pomar ao agricultor que escolher, e este a sustentará; e enquanto viver, ela usufruirá do campo e do pomar ou daquilo que o pai lhe tiver dado, mas ela não poderá vender nem dar a outro como herança; na verdade, sua herança pertence a seus irmãos.

179. Se uma sacerdotisa ou uma mulher votada ao culto recebeu um dote do pai e este lhe forneceu uma tabuleta de comprovação e nessa tabuleta declarou que ela pode dar sua herança a quem lhe aprouver, concedendo-lhe assim o poder de total disponibilidade, depois que o pai tiver morrido, ela poderá dispor de sua herança como bem entender e seus irmãos não poderão reivindicá-la.

180. Se o pai não deu um dote à filha, que é uma sacerdotisa reclusa ou mulher votada ao culto, depois que o pai tiver morrido, ela terá uma parte dos bens da casa paterna como qualquer outro filho; enquanto ela viver, usufruirá de sua parte, mas a herança pertence a seus irmãos.

181. Se um pai consagrou sua filha a um deus, como dedicada ao templo ou como virgem, e não lhe deu dote algum, depois que o pai morrer, ela terá parte dos bens da casa paterna, recebendo um terço da parte de um filho; ela usufruirá de sua parte enquanto viver; depois, a herança passa a pertencer a seus irmãos.

182. Se um pai não deu um dote de casamento à sua filha, consagrada ao deus Marduk da Babilônia, e não lhe forneceu uma tabuleta de comprovação, depois que o pai morrer, ela terá parte com seus irmãos dos bens da casa paterna, recebendo um terço do que cabe a um filho, mas não assumirá qualquer obrigação de serviço. Uma mulher consagrada a Marduk poderá dar sua herança a quem lhe aprouver.

183. Se um pai deu um dote de casamento à sua filha de classe sacerdotal, lhe arranjou um marido e lhe forneceu uma tabuleta de comprovação, depois que o pai morrer, ela não terá parte na divisão dos bens da casa paterna.

184. Se um homem não deu um dote de casamento à sua filha da classe sacerdotal e não lhe arranjou um marido, depois que o pai morrer, seus irmãos lhe darão de presente um dote proporcional ao valor dos bens da casa paterna e lhe arranjarão um marido.

185. Se um homem adotou uma criança pequena como seu próprio filho, e a criou, ninguém poderá reclamar essa criança adotada.

186. Se um homem adotou uma criança como filho, e depois que a levou, a criança continuou a pedir por seu pai ou por sua mãe, ela deverá retornar à casa de seu verdadeiro pai.

187. O filho adotivo de um favorito do rei, funcionário do palácio, ou o filho adotivo de uma mulher da classe sacerdotal não poderá ser reclamado.

188. Se um artesão tomou uma criança para criar e lhe ensinou seu ofício de artesão, esse filho de criação não poderá ser reclamado.

189. Se ele não lhe ensinou seu ofício de artesão, esse filho de criação deverá retornar à casa do pai.

190. Se um homem adotou uma criança e a criou como filho, mas não o contou entre seus próprios filhos, esse filho de criação deverá retornar à casa de seu pai.

191. Se um homem adotou uma criança, que criou como filho, e depois constituiu um lar e a seguir teve filhos e decidiu despedir o filho adotivo, esse filho não poderá partir sem nada; o pai de criação deverá lhe dar de seus bens um terço da parte que cabe a um filho e ele partirá. Ele não lhe dará nada do campo, do pomar ou da casa.

192. Se o filho adotivo de um funcionário do palácio ou o filho de uma mulher da classe sacerdotal disser ao pai que o criou "Você não é meu pai", ou à mãe que o criou "Você não é minha mãe", cortarão sua língua.

193. Se o filho adotivo de um funcionário do palácio ou o filho de uma mulher da classe sacerdotal descobriu a casa de seu pai e passou a detestar o pai que o criou, ou a mãe que o criou, e partir para a casa de seu pai, arrancarão seus olhos.

194. Se um homem entregou seu filho a uma ama de leite para amamentar e esse filho morreu nas mãos da ama; e se a ama, sem o consentimento do pai ou da mãe da criança, tiver amamentado outra criança, eles devem processá-la; e porque ela amamentou outra criança, sem o consentimento do pai ou da mãe, seus seios serão cortados.

195. Se um filho bater em seu pai, cortarão sua mão.

196. Se um homem vazou o olho de um homem livre, terá seu olho vazado.

197. Se ele quebrar um membro de um homem livre, terá seu membro quebrado.

198. Se vazou o olho de um plebeu ou quebrou um membro de um plebeu, pagará uma mina de prata.

199. Se vazou o olho de um escravo de um homem livre ou quebrou um membro de um escravo de um homem livre, pagará metade de seu preço.

200. Se um homem arrancou um dente de outro da mesma condição dele, arrancarão seu dente.

201. Se arrancou um dente de um plebeu, pagará um terço de uma mina de prata.

202. Se um homem bateu no rosto de um homem superior a ele, será açoitado em público, recebendo 60 chibatadas com um chicote de couro de boi.

203. Se um homem bater no rosto de outro de mesma condição dele, deverá pagar uma mina de prata.

204. Se um plebeu bateu no rosto de outro plebeu, deverá pagar dez siclos de prata.

205. Se o escravo de alguém bateu no rosto de um homem livre, sua orelha será cortada.

206. Se, numa briga, um homem agrediu outro e lhe causou um ferimento permanente, esse homem deverá jurar "Eu o agredi sem maldade", e deverá pagar o médico.

207. Se ele morreu em decorrência dos golpes, o agressor deverá jurar e pagar meia mina de prata, se o morto for filho de um homem livre.

208. Se o morto for filho de um plebeu, deverá pagar um terço de uma mina de prata.

209. Se um homem agrediu uma filha grávida de um homem livre e a levou a abortar, ele pagará dez siclos pela perda do fruto de seu ventre.

210. Se essa mulher morrer, a filha do agressor será morta.

211. Se por causa da agressão a filha de um plebeu abortou, ele pagará cinco siclos de prata.

212. Se essa mulher morreu, pagará meia mina de prata.

213. Se ele agrediu a escrava de um homem livre e a levou a perder o fruto de seu vente, pagará dois siclos de prata.

214. Se essa escrava morreu, pagará um terço de uma mina de prata.

215. Se um médico tratou uma ferida grave de um homem com a lanceta de bronze e o curou, ou tiver removido com uma lanceta de bronze a catarata do olho de um homem e curou o olho, deverá receber dez siclos de prata.

216. Se for filho de um plebeu, receberá cinco siclos de prata.

217. Se for escravo de um homem livre, o dono do escravo dará ao médico dois siclos de prata.

218. Se um médico operou com a lanceta de bronze uma lesão grave de um homem livre e causou a morte do homem, ou se removeu a catarata do olho de um homem com a lanceta de bronze e o fez perder o olho, sua mão será cortada.

219. Se o médico tiver tratado uma lesão grave do escravo de um plebeu, com a lanceta de bronze, e tiver causado sua morte, ele deverá restituir escravo por escravo.

220. Se ele removeu a catarata do olho com a lanceta de bronze e fez o escravo perder o olho, pagará metade do valor do escravo.

221. Se um médico curou o membro fraturado de um homem livre ou sarou um órgão interno (víscera) afetado por doença, o paciente pagará cinco siclos de prata ao médico.

222. Se for o filho de um plebeu, pagará três siclos de prata.

223. Se for o escravo de um homem livre, o dono do escravo dará dois siclos de prata ao médico.

224. Se um médico de bois ou de jumentos tratou de um ferimento grave um boi ou um jumento e o curou, o dono do boi ou do jumento pagará ao médico um sexto de um siclo de prata.

225. Se ele tratou um boi ou um jumento por causa de uma lesão grave e causou a morte do animal, pagará um quarto de seu valor ao dono do boi ou do jumento.

226. Se um barbeiro raspou a marca de um escravo, sem o consentimento do dono do escravo, esse barbeiro deverá ter a mão decepada.

227. Se um homem enganou o barbeiro e o induziu a raspar a marca de um escravo, esse homem será morto e enterrado em sua casa; o barbeiro deverá jurar "Eu não o raspei deliberadamente" e será liberado.

228. Se um pedreiro construiu uma casa para um homem e a terminou, esse deverá pagar ao pedreiro dois siclos de prata para cada *sar* (cerca de 36m²) de área construída.

229. Se um pedreiro construiu uma casa para um homem livre, mas não a construiu solidamente e a casa construída ruiu, causando a morte do dono da casa, esse pedreiro será morto.

230. Se causou a morte do filho do dono da casa, o filho do pedreiro será morto.

231. Se causou a morte de um escravo do dono da casa, o pedreiro dará escravo por escravo ao proprietário da casa.

232. Se causou a perda de bens móveis, deverá restituir o que tiver destruído; e porque não construiu a casa de maneira sólida e ela caiu, deverá reconstruir a casa que caiu à sua própria custa.

233. Se um pedreiro construiu uma casa para um homem livre e não executou o trabalho de maneira adequada e o muro caiu, esse pedreiro deverá firmar esse muro à sua própria custa.

234. Se um barqueiro impermeabilizou um barco de 60 *gur* (um *gur* equivale a 300 litros) para um homem livre, este deverá pagar dois siclos de prata pelo serviço.

235. Se um barqueiro impermeabilizou um barco para um homem livre e não fez seu trabalho de maneira adequada e nesse mesmo ano o barco, em viagem, sofreu danos, o barqueiro deverá desmontar esse barco, reconstruí-lo por conta própria, torná-lo resistente e deverá entregar o barco reforçado ao dono do barco.

236. Se um homem alugou seu barco a um barqueiro e o barqueiro foi descuidado e o barco afundou ou se perdeu, o barqueiro deverá restituir um barco ao proprietário.

237. Se um homem fretou um barqueiro e um barco e o carregou com cereais, lã, óleo, tâmaras ou qualquer outra carga, e se o barqueiro foi descuidado e afundou o barco ou perdeu a carga, o barqueiro pagará o barco que afundou e tudo o que perdeu da carga.

238. Se um barqueiro afundou o barco de um homem, mas conseguiu recuperá-lo, pagará metade de seu valor em prata.

239. Se um homem contratou um barqueiro, ele deverá lhe pagar seis *gur* (um *gur* equivalia a cerca de 300 litros) de grãos por ano.

240. Se um barco, em seu curso, colidiu com um barco ancorado e o afundou, o proprietário do barco afundado estimará em juramento diante da divindade o que foi perdido em seu barco e o proprietário do barco em movimento, que afundou o barco ancorado, deve reparar o barco atingido e compensar por tudo o que nele se perdeu.

241. Se um homem tomar um boi como garantia, pagará um terço de uma mina de prata.

242. Se um homem alugou por um ano um boi para trabalhar, pagará pelo aluguel do animal quatro *gur* (um *gur* equivalia a cerca de 300 litros) de grãos.

243. E como aluguel de uma vaca leiteira (ou boi de tração? – *outra tradução possível*), deverá pagar três *gur* (um *gur* equivalia a cerca de 300 litros) de grãos ao proprietário.

244. Se um homem alugou um boi ou um jumento e um leão o matou em campo aberto, a perda recai sobre seu proprietário.

245. Se um homem alugou um boi e causou sua morte, por descuido ou por pancadas, ele deverá compensar o dono com outro boi.

246. Se um homem alugou um boi e quebrou a perna ou cortou o tendão do pescoço, ele deverá compensar o dono com outro boi.

247. Se um homem alugou um boi e perfurou o olho do animal, pagará em prata ao dono do boi metade de seu preço.

248. Se um homem alugou um boi e quebrou o chifre, cortou a cauda ou rasgou o focinho do animal, pagará em prata um quarto de seu valor.

249. Se um homem alugou um boi e um deus o feriu e ele morreu, o homem que alugou o boi deverá proferir um juramento diante da divindade e ficará livre.

250. Se um touro endoidou, agrediu e causou a morte de um homem, essa causa não comporta reivindicação.

251. Se o boi de um homem é bravio e demonstrou sua propensão maligna de atacar e esse homem não aparou os chifres nem vigiou o boi, e se esse boi atacou e matou um homem livre, o proprietário pagará meia mina de prata.

252. Se foi um escravo de um homem livre que foi morto, pagará um terço de uma mina de prata.

253. Se um homem contratou outro para cuidar de seu campo, lhe deu grãos e lhe confiou bois e o contratou para cultivar o campo, se esse homem se apropriou de sementes ou de provisões, que foram encontradas em suas mãos, terá as mãos cortadas.

254. Se ele tomou os cereais e enfraqueceu os bois, ele deverá restituir a quantidade de grão que semeou.

255. Se ele alugou os bois do homem ou roubou o grão ou não produziu uma safra no campo, esse homem será processado e pagará 60 *gur* (um *gur* equivalia a cerca de 300 litros) de grãos para cada *gan* (pouco menos de dois hectares).

256. Se não puder pagar a indenização, será arrastado e dilacerado pelos bois naquele campo.

257. Se um homem contratou um trabalhador de campo, deverá lhe pagar oito *gur* (um *gur* equivalia a cerca de 300 litros) de grãos por ano.

258. Se alguém contratou um vaqueiro, deverá lhe pagar seis *gur* de grãos por ano.

259. Se um homem roubou uma máquina de irrigação dos campos, deverá pagar cinco siclos de prata ao proprietário da máquina.

260. Se um homem roubou um destorreador ou um arado, deverá pagar três siclos de prata.

261. Se um homem contratou um pastor para apascentar bois ou ovelhas, deverá lhe pagar oito *gur* (um *gur* equivalia a cerca de 300 litros) de cereais por ano.

262. Se um homem... um boi ou jumento... (texto rasurado).

263. Se ele perdeu boi ou ovelha que lhe fora entregue, deverá restituir boi por boi ou ovelha por ovelha a seu dono.

264. Se um pastor, a quem foram confiados bois ou ovelhas para apascentar, recebeu seu salário pelo trabalho e ficou satisfeito, mas deixou diminuir o rebanho ou deixou cair o número de crias, ele deverá pagar as crias e o rendimento de acordo com o previsto em contrato.

265. Se um pastor, a quem foram confiados bois ou ovelhas para apascentar, foi desonesto, alterou a marca e os vendeu, ele será processado e restituirá até dez vezes o que roubou do rebanho de bois ou de ovelhas.

266. Se houve um desastre no curral ou se um leão matou animais, o pastor prestará juramento diante da divindade e ficará isento de culpa; e o dono do curral arcará com a perda dos animais.

267. Se o pastor tiver sido descuidado e tiver ocorrido uma perda no curral, o pastor deverá compensar a perda no curral e pagar os bois ou as ovelhas a seu dono.

268. Se um homem alugou um boi para debulhar, seu aluguel é de 20 *qa* (um *qa* equivalia a cerca de um litro) de grãos.

269. Se ele alugou um jumento para debulhar, seu aluguel é de 10 *qa* (um *qa* equivalia a cerca de um litro) de grãos.

270. Se ele alugou um animal jovem para trilhar, seu aluguel é de um *qa* (um *qa* equivalia a cerca de um litro) de grãos.

271. Se um homem alugou bois, uma carroça e seu condutor, pagará 180 *qa* (um *qa* equivalia a cerca de um litro) de grãos por dia.

272. Se um homem alugou só a carroça, pagará 40 *qa* (um *qa* equivalia a cerca de um litro) de grãos por dia.

273. Se um homem contratou um trabalhador pagará, desde o início do ano até o quinto mês, seis *she* (um *she* correspondia a 0,05 grama) de prata, por dia; do sexto mês ao final do ano, pagará cinco *she* de prata por dia.

274. Se um homem contratou um artesão, pagará, por dia, como salário de... cinco *she* (um *she* correspondia a 0,05 grama) de prata; para

um oleiro, cinco *she* de prata; para um alfaiate, cinco *she* de prata; para um cortador de pedras... *she* de prata; para... *she* de prata; para.. *she* de prata; para um carpinteiro, uatro *she* de prata; para um cordoeiro, quatro *she* de prata; para... *she* de prata; para um pedreiro... *she* de prata.

275. Se um homem alugou um barco, seu aluguel é de três *she* (um *she* correspondia a 0,05 grama) de prata por dia.

276. Se ele alugou um barco rápido, pagará 2 *she* e meio (1 *she* correspondia a 0,05 grama) de prata por dia.

277. Se um homem alugou um barco de 60 *gur* (um *gur* equivale a 300 litros), deverá pagar, pelo aluguel, um sexto de um siclo de prata por dia.

278. Se um homem comprou um escravo ou uma escrava e se, antes de completar um mês de trabalho, foi acometido de epilepsia, deverá devolvê-lo ao vendedor e o comprador deverá recuperar a prata que pagou.

279. Se um homem comprou um escravo ou uma escrava e houve uma reclamação, o vendedor deverá responder à reclamação.

280. Se um homem, em terra estrangeira, comprou um escravo ou uma escrava de outro homem e se, ao voltar para casa, o dono do escravo ou da escrava reconheceu seu escravo ou sua escrava, e se o escravo ou a escrava forem nativos do país, ele lhes concederá a liberdade sem pagamento em dinheiro.

281. Se os escravos forem estrangeiros, o comprador declarará, sob juramento, diante da divindade, a quantia que pagou e o proprietário do escravo reembolsará ao mercador o que pagou e resgatará seu escravo.

282. Se um escravo disser a seu dono: "Você não é meu dono", o proprietário comprovará que é seu escravo e lhe cortará a orelha.

EPÍLOGO

Prescrições de justiça que Hamurabi, o rei poderoso, estabeleceu e levou o país a adotar uma política segura e um regulamento benévolo.

Eu sou Hamurabi, o rei supremo. Marduk me deu o pastoreio da raça dos cabeças pretas, que *Bel* me havia confiado. Não esqueci, não negligenciei, encontrei para eles pastagens seguras, abri o caminho por entre rochas afiadas e os conduzi como seu guia.

Com a arma poderosa que *Zamama* e *Ishtar* me concederam, pela previsão com que *Ea* me dotou, com o poder que *Marduk* me deu, eu aniquilei os inimigos de cima e de baixo, estabeleci meu comando sobre os conquistados. Promovi a paz e o bem-estar do país. Cerquei as habitações dos povos de segurança. Eu os deixei sem motivo para temer. Os grandes deuses me escolheram e eu sou o pastor que dá paz e cujo cetro é reto; minha sombra benéfica se estende por sobre minha cidade. Eu encerrei em meu peito todo o povo da Suméria e de Acad. Sob minha proteção, guiei em paz seus irmãos. Com minha sabedoria, eu os protegi.

Para que o grande não oprima o fraco, para fazer justiça à viúva e ao órfão, em Babilônia, cidade cuja cabeça *Anu* e *Bel* levantaram, na *Esagila* (templo local de *Marduk*), o templo cujas fundações são firmes como o céu e a terra; para proclamar a justiça a toda a terra, para resolver as disputas de toda a terra, para socorrer os feridos, escrevi em minha estela as preciosas palavras e as coloquei diante de minha estátua, imagem de um rei justo.

O rei que é nobre, rei da cidade, exaltado, este sou eu. Minhas palavras são preciosas, meu poder não tem rival. Por ordem de *Shamash*, o juiz supremo do céu e da terra, minha justiça possa brilhar na terra; com a permissão de *Marduk*, meu senhor, esculpi um baixo-relevo para preservar minha imagem na *Esagila* que amo, para que meu nome seja pronunciado para sempre em gratidão.

Que o oprimido, que tem um processo perante a lei, venha diante de minha imagem de rei da justiça, leia esta inscrição, compreenda minhas preciosas palavras e que minha estela possa elucidar seu caso. Que ele veja a lei que procura, que encha seu coração de alegria e diga: "Hamurabi foi um governante, foi como um pai que gerou seu próprio povo. Ele obedeceu às ordens de *Marduk*, seu senhor, conseguiu o triunfo de *Marduk* de norte a sul. Alegrou o coração de *Marduk*, seu senhor, assegurou a felicidade de seu povo para sempre e estabeleceu a justiça na terra." Que proclame essas palavras escritas diante de *Marduk*, meu senhor, e diante de *Sarpanitum*, minha senhora, e entoe louvores de todo o coração. Que a divindade protetora e os deuses que frequentam a *Esagila* ou as cortes de *Esagila* permitam que ele bendiga meu nome todos os dias diante de *Marduk*, meu senhor, e diante *Sarpanitum*, minha senhora.

No futuro, nos dias por vir, em qualquer tempo, que o rei que surgir nessa terra guarde as palavras de justiça que escrevi em minha estela. Que ele não altere a lei desse país que eu promulguei nem as sentenças que eu proferi. Que ele não destrua meu monumento. Se esse homem tem sabedoria e é capaz de dirigir em paz seu país, que observe as palavras que escrevi em minha estela, que ele aprenda o caminho, a regra, a lei do país que promulguei e as sentenças que proferi para essa terra, e que ele dirija com justiça a raça dos cabeças pretas; que promulgue sua justiça e proclame suas sentenças, que elimine de sua terra o perverso e o delinquente, que promova o bem-estar de seu povo.

Hamurabi, o rei da justiça, a quem *Shamash* transmitiu as leis, este sou eu. Minhas palavras são preciosas, minhas ações não têm rival. Acima e abaixo, eu sou o turbilhão que varre a profundidade e a altura.

Se esse homem guardar com cuidado as palavras que escrevi em minha estela e não frustrar a justiça, não as alterar, não corromper meus estatutos, que *Shamash* faça perdurar seu cetro; como eu, como rei da justiça, que guie seu povo na justiça.

Mas se esse homem não guardar com cuidado as palavras que escrevi em minha estela, se esquecer de minhas maldições, não temer a maldição dos deuses, anular a lei que promulguei, alterar minhas palavras e destruir minhas sentenças, apagar meu nome gravado e escrever o dele; ou, por medo dessas maldições, cobrar de outro que faça isso, esse homem, seja ele rei, senhor, governador, nobre ou qualquer um chamado com um nome, que o grande deus (*Anu*), o pai dos deuses, que fortaleceu meu reino, o enfraqueça, quebre seu cetro em pedaços, amaldiçoe seu destino; que *Bel*, o senhor que fixa o destino, cuja ordem é imutável, que engrandeceu minha realeza, faça levantar-se contra ele uma revolta sem fim, uma desgraça que o faça fugir de casa, e lhe destine um reinado de suspiros, de dias abreviados, de anos de carestia, de escuridão sem um raio de luz e espalhe a morte diante de todos os homens. Que ele decrete com sua pesada maldição a ruína de sua cidade, a dispersão de seu povo, a remoção de sua soberania, o desaparecimento de seu nome e de sua raça na terra.

Que *Beltu*, a grande mãe, cujo comando tem peso em *Ekur*, a senhora que fez prosperar meus planos, faça com que suas palavras em matéria de justiça e lei se tornem odiosas perante *Bel*. Que ela traga, por ordem de *Bel*, o rei, a ruína de seu país, a perda de seu povo, que sua vida se esparrame como água.

Que *Ea*, o grande príncipe, cujos decretos do destino estão acima de tudo, o mais sábio dos deuses, que sabe tudo, que prolongou minha vida, distorça a compreensão e o intelecto dele, o amaldiçoe com o esquecimento, represe seus rios nas nascentes. Que em seu território, *Ashnan* (divindade do trigo) não deixe crescer o grão, que é a vida dos povos.

Que *Shamash*, grande juiz do céu e da terra, que governa todos os seres vivos, o senhor que presta auxílio, derrube sua realeza; que ele não promulgue suas leis e que perturbe seus desígnios; que confunda a marcha de seus exércitos; que lance um olhar maligno para erradicar seu reinado e causar a perda de seu país. Que o funesto decreto de *Shamash* recaia sobre ele de imediato e que, na terra, o extirpe dentre os vivos e, embaixo da terra, prive seu espírito de água.

Que *Sin*, o senhor dos céus, o deus criador, cujo raio de luz é esplêndido entre os deuses, o prive da coroa e do trono; que o envolva com a grande túnica da mais pesada das penas e da dor, túnica que não haverá de deixar seu corpo e o fará terminar seus dias, mês após mês, durante os anos de seu reinado, em lágrimas e suspiros. Que lhe multiplique o peso da realeza e que lhe dê uma vida que só pode ser comparada à morte.

Que *Adad*, senhor da abundância, regente dos céus e da terra, meu aliado, retire a chuva dos céus, as fontes das torrentes; destrua sua terra com fome e carestia; que troveje com fúria sobre sua cidade e transforme seu país em terra desolada pelo dilúvio.

Que *Zamama*, grande guerreiro, primogênito de *Ekur*, que caminha à minha direita no campo de batalha, quebre sua arma e torne seu dia em noite. Que seu inimigo triunfe sobre ele.

Que *Ishtar*, a dama do combate e da batalha, que chancela minhas armas, minha graciosa protetora, que ama meu reino, em seu coração enraivecido, com ilimitada fúria amaldiçoe sua realeza; que transforme toda a sua bondade em maldição, quebre sua arma nos combates e nas batalhas, que lhe crie confusão e sedições, que abata seus heróis e faça a terra beber o sangue deles; que espalhe pela planície os montes de cadáveres de suas tropas e não lhes conceda sequer o sepultamento; que o entregue nas mãos do inimigo e faça com que ele seja levado acorrentado à terra do inimigo.

Que *Nergal*, o poderoso entre os deuses, que não tem rival, que me levou a obter meus triunfos, queime seu povo com uma febre como um grande fogo entre os juncos. Que o reduza a nada com sua poderosa arma e que o despedace como se fosse uma estátua de argila.

Que *Erishtu*, a sublime senhora de todas as terras, a mãe criadora, o prive de herdeiro e que o deixe sem nome. Que ele não gere semente alguma de posteridade entre seu povo.

Que *Ninkarak*, filha de *Anu*, que me concede favores em *Ekur*, lhe faça brotar uma doença grave, um mal crônico, uma ferida dolorosa, que não pode ser curada, cuja origem é desconhecida para o médico, que não pode ser acalmada por ataduras e que o torture com paralisias, que enfraqueça suas forças até que domine sua vida.

Que os grandes deuses dos céus e da terra, que os *Anunnaki* em sua totalidade, que cuidam dos recintos e das adjacências desse *Ebarra* (templo de *Shamash* em Sippar, onde a estela estaria erguida), amaldiçoem com amarga maldição sua dinastia, sua terra, seus soldados, seu povo e seus súditos. Que as sentenças de *Bel*, que em sua boca são irrevogáveis, o amaldiçoem e que o dominem rapidamente.

OBSERVAÇÃO FINAL

Este não é o lugar para escrever um comentário sobre o Código, mas há algumas precauções necessárias a tomar. Uma das primeiras é que a maioria das cláusulas é permissiva e não positiva ou claramente impositiva.

O verbo, corrente no texto do Código e que é traduzido por "deverá" ou "será", não é um imperativo, mas um futuro, que seria mais conveniente traduzir por "poderá" ou "é passível de". Com efeito, o primeiro tradutor do Código, o padre Jean-Vincent Scheil prefere a expressão "é passível de", subentendento-se é passível de condenação, de morte. Sem dúvida, no caso de crimes hediondos, a pena de morte tinha que ser infligida. Mas havia sempre um julgamento e era exigida prova sob juramento. Em muitos casos, "deverá" é apenas permissivo, como no caso em que o Código afirma que uma viúva "deverá" se casar novamente, o que deve se entender como "poderá" se casar de novo ou "está livre" para contrair novas núpcias. Não há provas de que o júri decidia apenas sobre fatos e julgava o prisioneiro culpado ou não, não deixando ao juiz outra opção senão a de infligir a penalidade extrema. O juiz, pelo contrário, parecia ter grande poder legislativo. Se for privilegiada essa visão, o Código não parece mais severo do que os da Idade Média, ou mesmo de tempos mais recentes, quando um homem era enforcado por ter roubado ovelhas.

Essa maneira de interpretar os verbos utilizados no texto como formas de expressão, que transmitem possibilidades e não necessariamente imposições, encontra respaldo no próprio Código. De fato, há muitas cláusulas humanitárias, de modo particular as que se referem aos fracos e desamparados, nas quais essas pessoas são merecedoras de especial proteção. Uma das melhores provas da inerente excelência desse Código é que ele ajudou a construir um império sólido, que perdurou por muitos séculos e foi visto com reverência quase até o fim. Embora esta breve nota final fosse necessária, explicações mais pormenorizadas sobre todos os aspectos abordados pelo Código serão dadas nos capítulos que se seguem.

VI

A ORGANIZAÇÃO SOCIAL DO ANTIGO ESTADO DA BABILÔNIA

AS TRÊS GRANDES CLASSES DA POPULAÇÃO DO REINO DA BABILÔNIA – À luz do Código de Hamurabi, parece que o Estado se compunha de três grandes classes: o nobre (*amélu*), o homem livre comum (*mushkênu*) e o escravo (*ardu*). À primeira classe, pertenciam o rei e os oficiais de estado, além dos proprietários de terras. Para esses, as multas e punições eram bem mais severas e estavam sujeitos à implacável e antiga lei do "olho por olho, dente por dente". Para os demais, vigoravam, de modo geral, leis de compensação pelos danos causados.

Isso pode estar relacionado com uma diferença racial. As antigas leis da Arábia podem ter sido adotadas pelos seguidores tribais de Hamurabi, enquanto os mais antigos súditos residentes aceitavam o sistema mais comercial de multas. O velho orgulho do homem tribal árabe pode ter proibido receber dinheiro como ressarcimento pelo olho ou pelo dente danificado. Mas o homem livre comum era mais "humilde", de classe inferior, e pode muito bem ter formado a maior parte da população de súditos.

O *mushkênu* era um homem livre, não um mendigo. Não era homem desprovido de meios, que podiam ser consideráveis, como se pode constatar nas seções referentes a roubo praticado contra ele. Tinha escravos a seu serviço e parece que estava sujeito a recrutamento para engrossar as fileiras do exército. O que devia pagar pelos serviços médicos era inferior ao que um nobre desembolsava no mesmo caso. Pagava menos à esposa pelo divórcio e, caso agredisse outro homem de sua classe, pagava menos do que se o agredido fosse um nobre. Não há dúvida de que o *amélu* era o verdadeiro nobre, o "cavalheiro" ou "homem de classe superior"; o *mushkênu* era o homem comum e, embora livre, era de classe inferior, um homem qualquer. O significado exato desses termos, no entanto, permanece incerto.

Com o tempo, o termo que designava o nobre passou a ser usado como nós usamos a palavra "senhor" para aqueles que não tinham qualificações especiais para o título. Como o "nobre cavalheiro" entre os súditos, ele era apenas uma pessoa respeitável. Assim, mesmo no Código, *amélu* geralmente significa simplesmente "homem". Aparece também como mero determinante da personalidade nos títulos atribuídos a operários e artesãos, quando não pode incluí-los entre os proprietários de terras. Mas pode também defini-los como membros de guildas ou corporações de artesãos e ressaltar o respeito que a esses era devido. Se, no entanto, insistirmos demais nisso, deveríamos admitir também a existência de uma corporação de trabalhadores em geral ou de agricultores contratados.

Não há indícios de qualquer incapacidade legal por parte de um homem livre dessa classe inferior. Ele é apenas uma pessoa de menor consideração. Ainda não está claro se eles formavam uma classe de filhos de escravos, mas de pai ou mãe livre; mas é bem provável que assim fosse.

O escravo estava sob as ordens de seu dono e, como um filho na casa do pai, era, em certa medida, uma mercadoria ou bem móvel. Ele podia ser penhorado por dívidas, assim como podiam sê-lo uma esposa ou um filho. Estava sujeito ao recrutamento para os exércitos do rei e sua sorte era tão deplorável que são inumeráveis as notícias de escravos fugitivos. Era crime abrigar um escravo na própria casa ou manter um que tivesse sido apanhado como fugitivo. Qualquer dano causado a ele devia ser pago e seu dono recebia o dinheiro relativo ao ressarcimento dos danos. Mas o escravo podia se casar com uma mulher livre e seus filhos nasciam livres. Uma escrava se tornava livre com a morte de seu dono, se ela lhe tivesse dado filhos; e esses filhos, obviamente, já nasciam livres. O escravo estava sujeito a mutilações, caso agredisse um homem livre ou repudiasse seu dono. Mas o dono tinha de pagar por sua cura, caso caísse doente. O escravo não podia celebrar contratos, mas se estivesse casado com uma mulher livre, podia adquirir propriedades, metade das quais caberia à esposa e aos filhos quando ele morresse.

O OFICIAL E O VIGILANTE OU SUPERVISOR – O Código revela a existência de uma classe de homens, que se tornaram conhecidos pelas cartas de Hamurabi e pelos contratos celebrados, mas cujas funções não são fáceis de definir. Eram o *rid shabi* e o *ba'iru*. Por sua etimologia, esses títulos poderiam ter o significado de "condutor de escravos" e "captor". Mas o Código os define de maneira mais clara. Eles estavam intimamente ligados, se não desempenhavam a mesma tarefa, e poderiam ser considerados como funcionários públicos. Eram os encarregados do recrutamento, da cota local do exército ou ligados a obras públicas. Uma tradução aproximada desses termos como "oficial" e "vigilante, supervisor" parece razoável. Poder-se-ia pensar também que o "oficial" fosse o encarregado de comandar um grupo de homens destinados a trabalhos forçados ou que tivesse sob suas ordens um destacamento de antigos oficiais ou de ex-funcionários públicos. Sob certos aspectos, o termo capataz também poderia servir para definir um ou outro desses dois personagens. Ainda não está claro se o "captor" era realmente um policial local, cujo principal dever era prender criminosos e recrutas relutantes. O mesmo designativo é usado para "pescadores", que eram "captores" em outro sentido, e para caçadores. Uma tradução realmente satisfatória é impossível, pois em nossos dias não temos funcionários cujas tarefas correspondam plenamente às deles.

A REMUNERAÇÃO – A cada um desses funcionários era destinado o que pode ser chamado de benefício, ou talvez um feudo. Esse benefício consistia em terras, casa e quintal ou pomar, algumas ovelhas e gado, além de um salário. Essa regalia dependia diretamente do rei, que era considerado o grande benfeitor. Podemos comparar esses homens aos lordes normandos que se estabeleceram na Inglaterra ou aos soldados-colonos romanos, que eram transferidos para os territórios recém-conquistados. Esses homens podem muito bem ter sido os seguidores ou ou partidários do primeiro fundador da dinastia. De maneira bem parecida, o conquistador caldeu Merodac-baladan II, muito tempo depois, instalou suas tropas caldaicas na Babilônia.

Podemos considerar esses homens como assistentes ou secretários do rei e provavelmente de origem estrangeira. O benefício era mantido por eles em troca de serviços pessoais específicos. Deviam "cumprir a missão do rei", sempre que convocados. Era ofensa suscetível de pena enviar um substituto. A missão podia levá-los para longe de casa e retê-los nessa distante incumbência por longo tempo. No caso de semelhante e prolongada ausência imposta, o oficial podia delegar seu filho para assumir seu lugar e realizar o trabalho em sua propriedade. Isso implica dizer que tinha uma tarefa local a executar, ou seja, administrar a propriedade, além do serviço pessoal devido ao rei.

Mais ainda, isso exigia um homem adulto para realizá-la. O substituto usufruía do benefício, mas devia destinar um terço dos rendimentos para a esposa do oficial ausente, a fim de que pudesse criar os filhos. O oficial, que negligenciasse a boa administração de seu benefício, corria o risco de confisco. Isso podia ocorrer por sua ausência, o que dava ao substituto a oportunidade de adquirir o direito definitivo do benefício, se, ao término de três anos, ele se mostrasse um gestor mais eficiente que o titular. Mas isso só era possível se o ausente tivesse sido de fato negligente, ressaltando-se que um contrato de um só ano como substituto não conferia esse direito definitivo sobre o benefício.

Os riscos do serviço público – O serviço em que o oficial poderia estar envolvido era evidentemente de tipo militar e apresentava seus riscos. Não se tem certeza se o termo *dannatu* significa realmente "fortaleza" ou "derrota". A palavra tem os dois significados. Isso realmente não importa. Se, de qualquer maneira, o oficial fosse capturado pelo inimigo do rei, ele próprio era obrigado a pagar seu resgate, se dispusesse de meios para tanto; se não, sua cidade deveria resgatá-lo e, caso esta não pudesse, o estado deveria fazê-lo. Mas não poderia levantar dinheiro pondo à venda seu benefício. Além disso, embora pudesse transferi-lo ao filho, esse benefício era inalienável. Não era permitida qualquer diminuição do legado em favor de mulheres aparentadas, nem a venda de parte, nem hipoteca, nem mesmo a troca por outros bens.

Além disso, o oficial e seu benefício eram protegidos. Ele não podia ser contratado por seus oficiais superiores, nem poderia, de forma alguma, ser pilhado. Gozava de isenção de impostos, sujeito apenas a seu dever feudal.

Em alguns casos, o pagador de tributos era associado a esses dois funcionários.

O PAGADOR DE TRIBUTOS – Nenhuma tarefa é estabelecida, além da que implica em pagamento de tributo. Não está claro se todas as terras eram mantidas sob um ou outro esquema, mas ainda é assim em algumas partes do Oriente. Algumas terras são mantidas para serviços pessoais, outras mediante pagamento de um imposto. Esse imposto foi transformado, mais tarde, em dízimo. O serviço pessoal foi posteriormente recambiado pelo fornecimento de um ou dois soldados ao exército. A obrigação de atender ao recrutamento continuou a ser exigida dos escravos e das classes mais baixas.

TODAS AS TERRAS SUJEITAS A IMPOSTOS REAIS – Que todas as terras tivessem de ser trabalhadas ou pagar imposto pode ser provavelmente deduzido do § 40 do Código de Hamurabi, no qual se pode ler que, embora um oficial, um vigilante ou supervisor ou ainda um pagador de tributo não pudesse alienar absolutamente nada de suas propriedades, outros proprietários de terras podiam fazê-lo. Mas o faziam sob a condição de que o comprador assumisse o trabalho ou o serviço das terras transferidas. Uma das classes aqui citadas, a consagrada à divindade parece estar sujeita a serviço em outro lugar. A pessoa consagrada a Marduk estava expressamente isenta desse serviço. O mercador, que representava outra classe, aparece muitas vezes como estrangeiro, residindo só temporariamente no país.

As mulheres consagradas aos deuses – A mulher consagrada a um deus já nos era conhecida pelos contratos descobertos e traduzidos, mas não havia praticamente nada que pudesse auxiliar na definição das funções dessa mulher. Como se pode deduzir pela leitura do Código, ela era pessoa altamente favorecida. Votada à divindade, geralmente a Shamash em Sippar, ou a Marduk na Babilônia, parece pouco provável que se possa ligá-la às prostitutas sagradas de Ishtar, em Erech. Ela geralmente morava num recinto sagrado, espécie de convento, ou na "casa das noivas" de Shamash, como esse local era por vezes chamado. A mulher recebia um dote, exatamente como uma noiva, ao fazer seu voto e se tornar a "noiva" de Shamash. Mas caso se tratasse de uma propriedade, esta não era transferida para o convento. Após a morte do pai e com o consentimento dela, essa propriedade podia ser administrada pelos irmãos dela ou ela própria poderia cultivá-la.

De qualquer forma, ela tinha como e do que se manter durante toda a vida. Mas ao morrer, a menos que seu pai lhe tivesse dado o poder de legá-la, sua propriedade retornava para sua família. A mulher consagrada não estava, contudo, condenada a passar todos os dias de sua vida no recinto sagrado. Podia deixá-lo e até se casar. Esperava-se, porém, que mantivesse um alto padrão de respeitabilidade. Se, por exemplo, ela tentasse abrir um local de venda de cerveja ou mesmo entrar num deles para beber, era condenada ao fogo. Toda mulher consagrada aos deuses permanecia virgem, mesmo que casada. Não podia ter filhos e, se quisesse ter família, devia fornecer ao marido uma escrava, para que esta lhe gerasse filhos. Mas ela era cuidadosamente protegida de todo menosprezo ou censura por não ter filhos. Era considerada como mulher casada, mesmo que não o fosse e era salvaguardada contra calúnias. Muitas nobres damas, e até filhas de reis, eram consagradas a divindades.

O mercador – O mercador é uma figura que aparece continuamente no Código de Hamurabi. Algumas passagens sugerem que ele era um oficial do estado. Na verdade, isso seria exagerar em demasia o interesse que o estado poderia ter nele. Sem dúvida, o mercador babilônico era como o judeu da Idade Média, um bem valioso para o rei. Parece ter sido o emprestador habitual de dinheiro, tanto que, em muitos lugares, "mercador" e "credor" aparecem como sinônimos. De acordo com o texto, é corrente dizer que se pede dinheiro emprestado "ao mercador", como hoje dizemos "fazer um empréstimo no banco". Com toda a certeza, até o rei pedia dinheiro emprestado ao mercador. O Código não fornece detalhes sobre esse personagem, mas se pode depreender que ele também fazia negócios como qualquer comerciante.

Como capitalista, ele enviava seus viajantes e agentes com mercadorias por toda parte, mesmo em regiões onde a autoridade do rei não vigorava. Boa parte do Código se ocupa em regular as relações entre o mercador e seu agente. Este último recebia um estoque de mercadorias ou uma quantia de dinheiro de seu mercador, assinava um contrato, concordava em pagar uma porcentagem do lucro e saía em busca de um mercado, tentanto obter o máximo de lucro que pudesse. É bem provável que o mercador, em geral, não era babilônico. Em tempos posteriores, os arameus foram os principais mercadores do Oriente e viajavam por toda a Mesopotâmia, Palestina, Síria e Ásia Menor.

VII

JUÍZES, TRIBUNAIS DE JUSTIÇA E PROCESSOS JURÍDICOS

ANTIGUIDADE DA ORGANIZAÇÃO JUDICIAL – Em parte porque referências específicas a juízes e processos legais não são usuais em inscrições históricas e em parte porque realmente não sabemos quais são os monumentos mais antigos da raça humana, é impossível saber quando os tribunais passaram a existir. Admite-se, contudo, que a estela de Manistusu é um dos monumentos mais antigos de que temos conhecimento. Nela, se encontra citado Galzu, um juiz.

Ali também encontramos muitos funcionários que, mais tarde, atuaram ocasionalmente como juízes. Por isso se pode dizer com certa segurança que havia juízes na antiga Babilônia desde tempos imemoriais. Eles deviam definir o que era justo e correto quando não havia lei escrita em que se apoiar. Aos juízes estavam associados, na qualidade de assessores, os anciãos da cidade. Essa característica foi tão marcante que, em alguns casos, se pode ler que, depois de ouvir a denúncia, o juiz "reuniu a cidade" para ouvir o caso. Na Babilônia, a máxima *littera scripta manet* (a letra escrita permanece) era tão valorizada que quase nada de importante era decidido sem ser lançado por escrito. Por isso estamos tão bem informados sobre assuntos domésticos na Babilônia quanto sobre os da Europa na Idade Média.

Fontes de nosso conhecimento sobre antigos procedimentos legais – Parece mais adequado considerar primeiramente os costumes com base na lei, porque são essenciais para a compreensão de todos os outros. Quando se tem um simples contrato entre duas partes, não se percebe de imediato até que ponto intervém a referência à lei. Mas o contrato não era válido, a menos que fosse celebrado e sancionado perante testemunhas. Um timbre era aposto, acompanhado de um juramento. Este devia ser proferido, com toda a probabilidade, no tribunal. Parece que as testemunhas, na maioria das vezes, formavam um grupo de homens que só podia ser encontrado no tribunal. Mesmo quando há menos vestígios da lei e do juiz, o caso é sempre semelhante a outros em que o juiz aparece de forma explícita.

Digno de nota é também que, em parte por termos acesso ao Código e em parte por causa da natureza mais completa das decisões legais, conhecemos muito mais sobre esse assunto, como sobre muitos outros, nos períodos mais antigos do que nos mais recentes. Por isso o conhecimento que temos sobre os trâmites legais mais antigos é bem mais completo. Quando as evidências de tempos posteriores simplesmente apoiam esses trâmites, não se faz necessário mencioná-las. Apenas divergências são dignas de registro. De modo geral, os procedimentos legais mudam bem pouco durantes séculos.

1. JUÍZES

Os juízes são raramente mencionados. As referências a eles, no Código de Hamurabi, são menos numerosas do que se poderia esperar. Parece provável que as sentenças lavradas tinham de ser pronunciadas pelo juiz, se não eram instituídas diretamente por ele. Mas desconhecemos totalmente ainda qual era ou teria sido o mecanismo da administração policial. Podemos argumentar por analogia, levando em consideração outras civilizações e outros tempos, mas esse não é um tratado teórico sobre sociologia comparada. Devemos nos contentar com evidências diretas.

AS VARIADAS TAREFAS DE UM JUIZ – Algumas seções tratam explicitamente das obrigações de um juiz. Assim, se um juiz tivesse proferido uma sentença, depois de decidir o caso, e incorporado ela nos autos, ele estava sujeito a severas penas se posteriormente viesse a revogar sua decisão. Se havia infligido uma pena a alguém e voltasse atrás, tinha que pagá-la doze vezes àquele a quem a tinha aplicado.

Além disso, seria publicamente deposto de seu cargo, expulso do tribunal e não lhe seria mais permitido tomar assento junto com juízes. Supõe-se, é claro, que, ao ser chamado a prestar contas, não teria como justificar seu primeiro julgamento ou então não teria como justificar a mudança. Mas, como diz a lei, deve-se simplesmente inferir que era para tornar um julgamento, uma vez pronunciado, irrevogável. Provavelmente sua revogação, em caso de injustiça, era prevista pelo direito de apelação ou recurso.

O juiz tinha de levar em consideração as palavras das testemunhas, literalmente, "ver suas palavras", o que poderia significar que os depoimentos eram dados por escrito ou eram transcritos; de qualquer modo, ele tinha de dar atenção aos depoimentos das testemunhas.

Em caso de crime, quando um homem tinha de apelar a testemunhas para salvar sua vida de uma sentença de morte, o juiz podia conceder seis meses de prazo para que o acusado pudesse reunir suas testemunhas. Em tempos posteriores, há muitos exemplos desse prazo concedido em semelhantes processos.

Instruções especiais para os juízes – Instruções especiais também eram dadas ao juiz no tocante aos procedimentos a tomar quando, por exemplo, um pai estava predisposto a deserdar o filho ou quando uma viúva com filhos menores desejava se casar novamente. Um caluniador era convocado perante o juiz, um filho não podia ser deserdado sem encaminhar o caso a um juiz, os filhos que desejassem expulsar a mãe viúva de sua casa tinham que comparecer perante um juiz.

Posição e qualificações de um juiz – Na maioria dos casos, o cargo de juiz era uma profissão distinta, mas não se deve pensar que os juízes não dispusessem de outros meios de subsistência. De fato, não há indícios de que eles recebessem remuneração por seus serviços. Mas era, sem dúvida, grande honra fazer parte de um corpo de juízes. Entre os que atuavam como juízes, a maioria deles pertencia aos altos escalões dos oficiais e funcionários do reino. Sem dúvida, o próprio rei atuava como juiz em algumas ocasiões e provavelmente nenhum grande oficial do reino estava totalmente livre de ser convocado para atuar como juiz nos tribunais. Mas, comumente, o juiz é simplesmente mencionado como "juiz", sem qualquer outra especificação. Não há como comprovar que sacerdotes pudessem desempenhar essa função. Os juízes eram homens de grande importância e de alta posição, mas não se tem notícia de que fossem sacerdotes. Uma qualificação relacionada com a idade é bem mais provável.

MÉTODO DE NOMEAÇÃO DE UM JUIZ – O juiz era um profissional. Muitas vezes se encontra nos textos um homem com o título de "juiz", atuando como parte de uma ação ou sendo testemunha de uma ação, quando não está atuando em sua real função de juiz de um processo. Até certo ponto, o juiz era um oficial ou funcionário territorial, que tinha seu próprio distrito como jurisdição e que se sentia ofendido quando casos de sua área eram transferidos para outro local. Não sabemos como os postos de juiz eram preenchidos, mas pode-se inferir que dependessem de uma nomeação por parte do rei, pois é recorrente em documentos a expressão "os juízes do rei". Por outro lado, há claras evidências de que o cargo era hereditário. Assim, Ibik-Anunîtum teve pelo menos três filhos, Idin-Ishtar, Marduk-mushallim e Nannar-idinnam, todos eles juízes. Não está muito claro se o direito ao cargo beneficiava também a linha feminina, mas consta o nome, num texto, de uma senhora, Ishtar-ummu, entre os juízes. E ela era também escriba.

JUIZ PRINCIPAL – Embora muitos altos funcionários atuassem como juízes e, no exercício dessa função sejam citados como "juiz", não há indícios de que houvesse um "juiz principal". A ordem dos nomes parece ser apenas a de antiguidade. Isso pode ser devido à natureza dos documentos que temos em mãos. Os livros de citações e frases falam de um "juiz principal", na época dos sumérios. No período assírio posterior, esse juiz, que teria precedência em função da idade, era chamado *sartênu*, evidentemente porque ele fixava o *sartu*, ou multa, ao condenado. Sabe-se, enfim, que muitos funcionários de alto escalão atuaram como juízes.

2. ESCRIBAS

O escriba exercia seu ofício como profissão. Encontra-se muitas vezes um escriba (*tupsharru*), atuando em caráter privado, como parte de um processo ou como testemunha. Ele detém o título mesmo quando a ação é redigida por outro escrevente. A classe era muito numerosa. Quase todo documento é redigido por um escriba novo, pelo que se deduz do nome registrado, pois ele omite com frequência seu título. Geralmente figura como a última testemunha, mas nem sempre é assim.

O escriba redigia o documento inteiro, apondo inclusive os nomes das testemunhas. Não há indícios de que alguém mais acrescentasse uma palavra ao documento. Como regra, mesmo quando os nomes dos pais das testemunhas são dados, o escriba se contenta em escrever apenas seu título depois de seu nome. Por isso não temos qualquer evidência de que o cargo fosse hereditário.

MULHERES ESCRIBAS – Certamente havia mulheres que atuavam como escribas. De um total de 90 nomes de escribas levantados nos textos disponíveis, pelo menos dez eram mulheres. Aqui surge uma dificuldade pelo modo como os nomes das mulheres eram transcritos. Nesse período, os nomes próprios são geralmente escritos sem o determinante que revela o sexo. Nem os próprios nomes dirimem a dúvida, pois homens e mulheres eram portadores de nomes idênticos. Assim, Taribatum é o nome de dois homens e também de duas mulheres. Somente quando o título *tupsharru* (escriba) é dado, aparece o prefixo que determina o gênero feminino. Os textos disponíveis fornecem, contudo, dez exemplos claros.

Em tempos mais recentes, o escriba era geralmente homem, mas aparecem também escribas mulheres. (...) Em geral, o escriba "retinha" o acordo, o que provavelmente significa que as partes estavam dispostas a deixar o acordo transcrito sob sua guarda.

O ESCRIBA NÃO ERA JUIZ – Não se tem notícia de que um escriba fosse também juiz. Pode ser verdade que ele, às vezes, atuava como juiz ou se tornava juiz, mas então o cargo mais alto ofuscava o mais baixo. Ele já não era mais escriba, mas juiz. Às vezes, um juiz pode ter redigido sua sentença, atuando, portanto, como escriba, mas não temos provas de semelhante caso. Parece que o juiz nunca dispensava os serviços de um escriba.

O ESCRIBA NÃO ERA SACERDOTE – Não há nenhuma evidência de que os sacerdotes eram todos escribas ou que todos sabiam escrever ou que os escribas eram necessariamente sacerdotes. Na verdade, o mesmo homem pode ter atuado como escriba e como sacerdote. Mas as funções são distintas e nunca aparece alguém ostentando os dois títulos. Que em épocas posteriores um sacerdote tenha atuado como escriba pode ser até possível; mas isso decorria da natureza do documento a ser lavrado, ou seja, deveria estar relacionado com transações em que propriedades do templo, ou de seus funcionários, estavam envolvidas, e um dos membros do corpo de sacerdotes vinculados a esse templo foi encarregado de lavrar o documento para preservar os interesses do local sagrado. Poder-se-ia dizer, de igual modo, que todo escrevente da Idade Média era sacerdote, porque todos os documentos do mosteiro que estavam sendo analisados haviam sido redigidos por um monge, cujo nome figurava como sacerdote na lista dos monges leigos desse mosteiro. Entre os babilônios, não se tem como saber se os escribas eram clérigos e sempre ligados a algum templo, numa espécie de ordem menor. De modo geral, as provas parecem ser contrárias a essa conclusão.

3. TESTEMUNHAS

A palavra usada para designar uma testemunha é *shibu* que, em última análise, se refere àqueles que são "grisalhos", embora não se tenha certeza de que pudesse ter outro significado. O termo poderia indicar aqueles que estavam "presentes". Na realidade, o termo "testemunha" podia ser aplicado a três classes de pessoas.

OS ANCIÃOS DE UMA CIDADE – Em primeiro lugar, temos os anciãos (*shibu*) de uma cidade. Possivelmente os *Kar-sippar*, na presença dos quais alguns homens prestavam juramento ou na presença de quem era redigido um contrato, eram esses anciãos de Sippar. Eles formavam a "assembleia", diante da qual um homem era açoitado e da qual um juiz prevaricador era expulso. Provavelmente eram nomeados, ou pelo menos, aprovados pelo rei. Não eram exclusivamente homens, pois aparecem também mulheres. A repetição dos mesmos nomes, nas mesmas datas, indica que um corpo de testemunhas oficiais era mantido de prontidão para atuar nessas ocasiões. Muitas dessas testemunhas eram funcionários do templo ou membros da guilda de sacerdotisas ou de mulheres consagradas a Shamash.

Às vezes, as testemunhas são associadas aos juízes, levando a supor que eram seus assessores. Por vezes, apareciam até mesmo juízes entre as testemunhas, pois elas compunham uma lista em que podia figurar um juiz e outros funcionários de alto escalão. Na verdade, elas profeririam julgamentos e se poderia, portanto, considerá-las como um júri de fato, um grande júri, qualificadas como eram, por seu conhecimento, para analisar e entender os direitos inerentes ao caso e julgar as provas apresentadas. O juiz proferia a sentença.

TESTEMUNHAS NO PROCESSO – Em segundo lugar, podemos distinguir as testemunhas selecionadas sob juramento. Não se tem certeza se eram designadas pelo mesmo nome. No Código, aparecem descritas como "testemunhas que sabem". Naturalmente, estas não faziam parte do júri. Testemunhavam e eram escolhidas pelas partes do processo. Mas o juiz podia convocar e examinar pessoas que, em sua opinião, deveriam saber a respeito do caso; depois de selecioná-las direcionava para uma ou outra das partes do processo. O juiz podia até adiar o caso para angariar testemunhas que julgasse imprescindíveis ou necessárias.

TESTEMUNHAS EM DOCUMENTOS – Em terceiro lugar, podemos distinguir as testemunhas cujos nomes figuravam em documentos, como escritura, título, contrato e afins. Com muita frequência, pode-se inferir que elas tinham interesse no caso. Podiam ser parentes das partes, vizinhos da propriedade em questão, funcionários com seus direitos envolvidos. Em épocas posteriores, receberam o nome especial de *mukinnu*, "fundamentadores". Presume-se que deviam conhecer pelo menos o teor geral da ação que testemunhavam. Quando a ação era posta em causa, essas testemunhas eram convocadas para declarar o que sabiam. No caso de decisões legais, juízes e júri concorrem como testemunhas nesse sentido. Em muitos casos, portanto, as distinções traçadas há pouco não se sustentam. Não se sabe se essas testemunhas eram selecionadas entre anciãos.

4. OUTRAS QUESTÕES

Casos de disputa resolvidos fora dos tribunais – Quando as partes discordavam, podiam resolver suas diferenças entre si e chegar a um acordo. Então contatavam um escriba, que redigia o acordo estipulado numa tabuleta. Esse acordo assumia a forma de contrato, com as partes se comprometendo mutuamente a não violar esse contrato e a não reabrir a disputa ou tentar processar um ao outro numa ação legal. Para sancionar esse acordo, juravam pelos deuses e pelo rei. Testemunhas eram convocadas para reconhecer e validar o acordo e os nomes delas eram adicionados ao documento.

Para autenticar seus nomes, ambas as partes e as testemunhas costumavam apor seus timbres ou sinetes ou, na falta deles, apor um sinal feito com a unha. Depois disso, era colocada a data. Parece que cada uma das partes levava uma cópia do contrato e o escriba ficava com uma terceira, que podia ser depositada nos arquivos. Pode-se dizer que esses casos eram resolvidos "fora dos tribunais". De qualquer maneira, não continham nenhuma referência a um juiz ou a um tribunal. Mas é possível que a prestação de juramento fosse uma função judicial ou talvez sacerdotal. Além disso, as testemunhas podiam ter sido escolhidas num grupo de homens mantidos em prontidão no tribunal, exatamente para desempenhar essa função. É certo que, em alguns casos, acordos firmados privadamente eram depois levados a um juiz para confirmação; o Código exige de modo expresso que alguns casos sejam levados a um juiz. Mas é provável que muitos deles tenham sido resolvidos de comum acordo entre as partes.

Recurso a um juiz – Quando a intervenção de um juiz era considerada essencial, uma das partes apresentava "queixa". A palavra original tem o significado real de "gritar, protestar"; mas é usada de forma mais livre como equivalente a entrar com uma ação. Se as pessoas eram naturalmente litigiosas ou simplesmente porque o acesso aos tribunais era fácil demais, o fato é que um protesto geralmente evoluía para uma ação processual.

Advogado – Nos autos, não há menção de advogado. Em textos posteriores, aparece a figura do "intérprete", que poderia ter sido, originalmente, o advogado.

O querelante nos relatórios – Aqui pode ser notada uma peculiaridade da concepção do escriba a respeito do caso em questão. Pode-se constatar que, ao referir o caso, o querelante ou reclamante geralmente perde. Isso ocorre porque o escriba não vai prejudicar o caso, dizendo quem estava com a razão. Ele simplesmente escreve "A reclamava a propriedade de B." Ao redigir o documento após o caso encerrado, ele simplesmente atribui a propriedade ao verdadeiro dono desde o início de seu documento e considera o querelante como alguém que tenta se apoderar do que não é seu.

Por isso não devemos presumir que as duas partes reclamavam seus direitos. Na realidade, ambas as partes concordaram em submeter o caso a um juiz. Isso fica claro nas declarações que seguem a apresentação da causa da disputa. Ambas as partes "se dirigiram aos juízes", ou melhor, "recorreram a um juiz". A discussão preliminar entre as partes resultou em acordo para submeter o caso a um juiz. Os dois envolvidos estavam dispostos a acatar a decisão. De igual modo, quando se diz que as partes "se apresentam a um juiz", isso significa que ambas o procuraram.

Convocação a comparecer perante o juiz – Às vezes, as questões não corriam tão pacificamente. Uma das partes tinha de se impor e levar a outra a comparecer perante os juízes. Há indícios de que os juízes, às vezes, precisavam convocar uma das partes ou, como diz o escriba, "obrigá-la a comparecer perante a outra parte".

Apelações – Há evidências concretas de que casos podiam ser remetidos aos juízes por uma autoridade superior, o próprio rei. Esses casos provavelmente se originavam de recursos ou apelações. Nas cartas da primeira dinastia, há exemplos em que o rei remete aos juízes locais sua própria decisão sobre o caso, que eles tinham de confirmar e executar; em outros casos, o rei simplesmente remetia a questão para ser julgada no tribunal.

Sedes em que um tribunal se reunia – Depois de terem contatado um juiz e obtido um dia para a audiência, as partes "entravam" ou "se dirigiam" ao grande templo de Shamash, em Sippar, chamado *Ebabbarim*. Ali, pelo que se sabe, Hamurabi havia exposto uma das cópias do Código. Às vezes, o caso era apresentado junto da "porta antiga". Em Babilônia, as partes eram conduzidas ao templo de Merodac, *Esagila*. Em Larsa, o local escolhido podia ser junto da "porta" de Nin-Marki ou no templo de Sin. O templo de Ishhara também é mencionado como sede.

5. PROCEDIMENTOS LEGAIS

O que temos são apenas indícios dispersos sobre os procedimentos legais. O Código diz que os juízes "viram as apelações". O escriba usa a mesma expressão. Como regra geral, ele registra a declaração do reclamante em primeiro lugar. Depois registra a declaração contrária. Há fortes indícios de que ele cita documentos escritos. Os juízes os leem ou passam a ouvir as declarações verbais.

A divindade é a fonte teórica de toda autoridade judicial. Como parte do processo legal, o objeto em disputa ou, de qualquer forma, as ações relacionadas a ele, eram levadas ao tribunal e depositadas nas mãos do deus. Ele haveria de discernir o legítimo proprietário e lhe restituir o objeto em questão. Por conseguinte, a decisão era "o julgamento de Shamash na casa de Shamash, o julgamento da casa de Shamash". Por isso se dizia que o réu "prestasse contas diante de Shamash". Ao propor uma ação, as partes "procuravam o altar de Shamash". Em caso de perda ou dano, o reclamante relatava tudo "perante deus".

Para confirmação das pretensas declarações, testemunhas podiam ser convocadas, as quais prestavam juramento perante deus e perante o rei. Elas deveriam conhecer o objeto reivindicado e saber de quem era ou estar cientes de que havia ocorrido uma transação.

Subornar testemunhas ou um júri era rigorosamente penalizado pelo Código. Os juízes podiam se recusar a aceitar o testemunho e passavam a decidir o caso de acordo com o depoimento, sob juramento, do reclamante.

Evidências documentais podiam ser exigidas. Os juízes podiam decidir colher essas evidências pessoalmente, visitando a propriedade ou a casa em disputa. Podiam determinar que cabia ao acusado se justificar, o que ele deveria fazer sob juramento.

Depois de se certificarem dos direitos envolvidos na questão, os juízes passavam a proferir a decisão ou a "pronunciar o julgamento". Essa frase quase sempre ocorre nas decisões legais. A decisão podia ser chamada de "julgamento de um juiz em particular". A sentença, às vezes, é mencionada com as palavras dos próprios juízes, antecedidas com a expressão "eles disseram".

COMPENSAÇÃO POR DANOS – Se uma das partes estava errada, os juízes fazem recair o erro sobre ela ou "a declaram equivocada". Quando a ação processual se referia à cobrança de uma dívida ou ao recebimento de uma compensação por danos, os juízes podiam determinar a soma a pagar a quem de direito. Não era uma multa, mas uma compensação por danos.

QUEBRA DA TABULETA DE UM CONTRATO – Uma cerimônia que muitas vezes tinha lugar pela anulação de um contrato anterior ou pelo cancelamento de uma ação era a quebra da tijoleta ou tabuleta que continha esse contrato. A mesma cerimônia tinha lugar por ocasião do pagamento de uma dívida ou da dissolução de uma parceria, aparentemente sem recurso a juízes. Isso era ordenado pelo Código no caso de compra de propriedades, que era ilegal comprar ou vender. Assim, quando um filho adotivo não cumpria a obrigação de cuidar do pai que o adotara e sustentá-lo, o ato de adoção era formalmente anulado pelos juízes, que quebravam a tijoleta em que constava a transcrição desse ato.

6. DECISÃO LEGAL

Com sua decisão, os juízes "acalmavam a contenda", "acabavam com a reclamação". Uma decisão legal era tida como irrevogável. O Código decretava a destituição de um juiz que revogasse seu julgamento ou sua sentença. As decisões legais estipulavam que a parte perdedora não podia "voltar atrás", não podia mais "reclamar". Essas expressões quase sempre ocorrem em ações processuais bem como em contratos. Para garantir o cumprimento da decisão, os juízes exigiam novo juramento. Não se sabe se ambas as partes juravam, ou apenas os perdedores. A expressão que geralmente aparece é "eles juraram", sem mencionar as pessoas que o fizeram.

A decisão, uma vez tomada, era incorporada a um documento elaborado pelo escriba, era regularmente testemunhada, muitas vezes pelos próprios juízes, e recebia um timbre ou sinete. Dessa maneira é que os juízes concediam ao ganhador da questão uma tabuleta irrevogável. Essas tabuletas ou tijoletas irrevogáveis e praticamente imperecíveis chegaram até nós, após milhares de anos, para contar sua história.

7. JURAMENTOS

CERIMÔNIA DE PRESTAÇÃO DE JURAMENTO – A prestação de juramento com relação à verdade da prova ou dos termos de um pacto é mencionada seguidamente. Não se sabe qual seria a forma exata das palavras usadas ao prestar juramento; mas em ações processuais no tribunal de justiça, os juízes presidiam ao juramento das duas partes envolvidas, bem como das testemunhas. No Código, os juramentos eram admitidos para justificar suposto crime, como prova de perda, de depósito em custódia, de lesão; e era sob juramento que o juiz recebia a denúncia ou o depoimento. Referências a juramentos ocorrem continuamente nos contratos.

Os juízes "pediam para que as partes prestassem juramento diante de Shamash e de Adad" ou, mais brevemente, "que prestassem juramento perante deus". Em geral, os juízes citavam o nome do deus perante o qual o juramento deveria ser prestado. Como seria de se esperar, o deus que figurava com maior destaque no Código era Shamash, a principal divindade de Sippar, frequentemente associada à sua consorte, Aya ou Malkatu. Às vezes, o juramento era feito "em nome do rei". Muitas vezes, um ou mais deuses e o rei eram citados juntos. Quando Babilônia se tornou o centro do império, era comum jurar por Marduk e pelos deuses locais também. O significado desses juramentos para fins históricos é grande, porque deixava transparecer importantes relações políticas e também porque, ao citar o nome do rei, fornecia a única chave para se poder datar o documento. Foi por meio de juramentos que alguns historiadores conseguiram reconstruir uma cronologia dessa época.

O LOCAL ONDE O JURAMENTO ERA PRESTADO – O juramento era tomado diante do incensário de Shamash ou diante da estátua desse deus, em Sippar; ou diante do emblemático dragão esculpido nas portas do templo de Marduk, em Babilônia. Outros locais são citados, mas que ainda não se conseguiu identificar. Parece que uma espécie de rito mágico era por vezes utilizado, mas que ainda não se sabe muito bem em que consistia.

O SENTIDO DO JURAMENTO – O verdadeiro sentido do juramento era não fornecer provas falsas ou, no caso de contratos, não alterar os acordos estipulados. Muitas vezes, o juramento é seguido pelas palavras "quem quer que altere ou conteste as palavras dessa tabuleta", evidentemente uma citação das palavras da fórmula do próprio juramento; mas a consequência de proferi-lo desse modo não é dada. Ou porque era por demais conhecida ou porque era terrível demais para que o escriba a transcrevesse.

SUA DIMINUIÇÃO GRADUAL DE IMPORTÂNCIA – Nos tempos da Assíria, o juramento não teve um papel tão importante. Ainda assim, era ocasionalmente usado. O juramento é geralmente encontrado em documentos de grande estilo, como em despachos reais. Juramentos também são de interesse para o panteão da Assíria. Uma maneira comum de expressar a mesma coisa era invocar um deus para que fosse juiz do caso; dizia-se, por exemplo, "que Shamash seja o juiz" ou "que Shamash seja o advogado", isto é, "dê acolhida ao caso". Assim, o filho do rei, ou o príncipe herdeiro é conclamado para ser o advogado. Também era feito um apelo à decisão do rei. Os deuses "Ashur, Sin, Shamash, Bel e Nabu, os deuses da Assíria exigirão isso de suas mãos" é outra maneira para expor o caso. Esses exemplos ilustram o significado dos juramentos mais antigos. Parece não haver nenhum caso de que testemunhas sejam incluídas no juramento.

Apesar de tudo, o juramento perdurou até tempos babilônicos bem tardios, quando aparecem fórmulas bem mais completas. Exemplo extraído de uma tabuleta: "Se alguém mudar ou alterar o acordo, que Marduk e Zarpanit decretem sua destruição." Em épocas posteriores, entre os persas, encontra-se uma maldição pela mesma quebra da palavra nesses termos: "Quem tentar alterar esse acordo, que Anu, Bel e Ea o amaldiçoem com uma maldição amarga, que Nabu, o escriba de Esagila, ponha um ponto final em seu futuro." É curioso, portanto, constatar um recrudescimento de velhas fórmulas nos tempos mais recentes.

Seria apenas uma fórmula antiquada ou os persas tinham sofrido forte influência babilônica e tinham preservado as antigas formas que haviam desaparecido nas terras de origem? Os contratos elamitas sugerem exatamente a mesma pergunta. Neles, parece evidente que Elam, uma vez sob influência babilônica, adotou e preservou, sob governantes nativos, formas de que não há vestígios na Babilônia, mas que claramente vinham desse país. A Assíria é outro caso em questão. Nela se mantinham formas que sabemos que remontam à época de sua independência e que haviam desaparecido dos documentos babilônicos contemporâneos. Nos tempos posteriores da Babilônia, ainda se encontram as duas partes de um processo e as testemunhas submetidas a juramento num tribunal.

8. PENAS

PENAS POR PERJÚRIO – Aquele que movia um processo malsucedido não era autorizado a sair apenas com a perda da ação. Ele havia feito um juramento e tinha sido incapaz de se justificar ou de comprovar quanto havia declarado. De acordo com o Código, se o processo fosse capital, ele era merecedor da pena de morte. Mas mesmo que o caso fosse menos grave, era calúnia fazer uma falsa acusação e a pena para a calúnia era a de aplicar um sinal com ferro em brasa (o termo usado podia significar também raspar a cabeça, o que era uma infâmia). Essa pena foi infligida a um litigante malsucedido pela posse de uma casa vendida por seu pai.

Outra forma de penalidade por litígio malsucedido era que o litigante deveria não somente perder o caso, mas ser condenado também a pagar a pena que, se fosse bem-sucedido, teria recaído sobre a outra parte. Que isso seja o que realmente se pretendia pelas cláusulas é demonstrado pelo caso de Belilitum, que bem mais tarde, no ano 555 a.C., tendo ajuizado uma ação para cobrar uma dívida que ela alegava não ter sido paga, foi condenada por perjúrio pela apresentação do recibo e pelas provas de seus próprios filhos; não perdeu apenas o caso, mas foi condenada a pagar a quantia, que pretendia receber, igual à dívida que já havia sido quitada. Naturalmente, essa era uma forma de retaliação.

PERDAS – Nos tempos da Assíria, as partes geralmente se comprometiam a não litigar, nem tentar perturbar o acordo firmado entre elas, sob pena de pesadas perdas revertidas em benefício do tesouro de um deus, com frequência de até dez vezes o valor do objeto em disputa quando não chegavam, às vezes, a quantias realmente proibitivas. Essas somas, como dois talentos de prata ou dois talentos de ouro, contestam a ideia de que essas perdas eram encaradas como possíveis depósitos por um reclamante que desejava reabrir o caso. Eram penas terríveis destinadas a impedir qualquer tentativa de litígio.

Às vezes, as perdas tomavam a forma de cavalos brancos ou potros, que eram dedicados a uma divindade. Muito interessante é a menção, extraída de um texto, da dedicação do filho mais velho a um deus ou a uma deusa. Isso está redigido como se a dedicação fosse feita pelo fogo. A menção adicional de incenso ou lenha de cedro, como acompanhamento da oferta, torna provável que isso realmente significava que o litigante deveria ser punido pelo sacrifício de seu próprio filho como uma "oferenda cremada" à divindade.

Mas isso torna apenas mais claro que essas penas eram simplesmente destinadas a ser dissuasivas. Não há provas de que essa aplicação tenha ocorrido. Era uma lembrança de horrores passados, mas não menos interessante para mostrar o que uma vez, em tempos antigos, era possível. Uma penalidade mais natural e extremamente comum era o pagamento de um valor dez vezes maior ao proprietário prejudicado. Em tempos mais recentes, chegava a ser até doze vezes maior. Esse era um exemplo da restituição múltipla tão comum no Código.

O ORDÁLIO – Algo muito parecido com um ordálio era eventualmente imposto. A condição por demais fragmentária dos textos que o mencionam aumenta sua obscuridade. Mas parece ter consistido em obrigar o litigante a ingerir certa quantidade de uma mistura mágica de comida e a beber o conteúdo amargo de uma tigela. Não há indicação de qual deveria ser o resultado. Um texto fragmentário parece citar os ingredientes da poção mágica. Pelo que se pode entender, trata-se de um ordálio, algo semelhante ao que era infligido a uma esposa suspeita de infidelidade em Israel, como consta no livro de Números, cap. V, 11-31. No período medieval, o ordálio, também chamado de juízo de Deus, era a prova do fogo ou da água; se o culpado, jogado na fogueira ou na água, saísse ileso, era inocente; caso contrário...

9. PENAS POR DELITOS

A PENA DE MORTE – A pena capital era infligida, segundo informa o Código, por bruxaria, por roubo, por corrupção da justiça, por estupro, por causar a morte por agressão, por negligência de deveres por parte de certos funcionários, por permitir reuniões sediciosas, por causar a morte em decorrência de construção mal feita e por vários outros motivos. É curioso, porém, que nenhuma menção seja feita sobre assassinato puro e simples. Isso devia ser algo naturalmente pressuposto e indiscutível.

De fato, o Código menciona vários casos de assassinato que merecem a pena capital. Por exemplo, provocar a morte de um marido tinha como punição a pena capital; ou praticar um assalto contra uma mulher grávida, levando-a a abortar e a morrer em consequência do aborto. A necessidade de um juramento para confirmar a falta de maldade ao desferir golpes numa briga, que levava à morte do oponente, tende a mostrar que o assassinato era punido com a pena de morte, pois se considerava que a morte do atingido pelos golpes tinha sido causada intencionalmente. Mas não se sabe como essa sentença era executada. Geralmente, o Código diz apenas "ele será morto" ou "ele é passível de morte"; não se dispõe de informações a respeito de quem aplicava a pena ou como era aplicada. Mas para casos especiais, a maneira é descrita.

MORTE POR AFOGAMENTO – A morte por afogamento era infligida a uma vendedora de cerveja por vendê-la por preço aviltado, a uma mulher adúltera, a uma péssima esposa; a mesma pena era aplicada ainda por incesto ou por deserção da casa do marido. Em todos os casos, a vítima era mulher. Quando homens eram condenados à morte por afogamento, eles compartilhavam o destino de uma mulher. Em dois casos, adultério e incesto, o Código assinala que os culpados eram amarrados. No último desses dois casos (§ 155), parece que o homem era "amarrado" e afogado.. No primeiro deles (§ 129), ambos eram "amarrados" e afogados. É pouco provável que "amarrado" possa significar apenas amarrado ou preso, no caso do homem que cometeu incesto. Eu sugeriria que, nos dois casos, o termo "amarrado" seja substituído por "estrangulado".

Parece-me que a confusão no § 155 se deva ao escriba.

Morte pelo fogo – A morte na fogueira era diretamente ordenada para uma consagrada à divindade ou sacerdotisa que abrisse uma cervejaria, para um homem e a mãe dele culpados de incesto, e indiretamente para um ladrão num incêndio.

Empalamento – O empalamento numa estaca era ordenado para uma esposa culpada de matar ou mandar matar o próprio marido.

Ordálio pela água – Indiretamente, a pena de morte seria muitas vezes a consequência de um apelo ao ordálio pela água ou prova da água (2 e 132).

Mutilações – Os vários tipos de mutilação mencionados são de duas espécies: 1) retaliação por desfiguração do corpo; 2) símbolo da própria ofensa. Assim, olho por olho, dente por dente, membro por membro, são retaliações puras. Mas as mãos cortadas indicam o pecado das mãos ao bater no próprio pai, ao fazer cirurgias ilegais ou ao imprimir marcas indeléveis em outro. O olho perfurado ou arrancado era o castigo da curiosidade ilegal. A orelha cortada simbolizava o pecado do órgão da audição e a falta de obediência. A língua era cortada pela comprovada ingratidão na fala.

Flagelação – A flagelação ou açoitamento é a única forma de castigo corporal, além das descritas no parágrafo anterior. Era executada com um chicote de couro de boi ou correia de couro cru e 60 chibatadas deviam ser desferidas publicamente contra o culpado de ataque grosseiro a um superior.

Banimento – O banimento da cidade era a pena aplicada pelo crime de incesto.

Restituição simples – Dificilmente, talvez, a restituição possa ser considerada uma pena. Assim, um homem, ao ser flagrado de posse de bens perdidos, tinha de restituí-los. Em caso de perda causada por negligência ou por maus-tratos a animais alugados, ou por malversação de bens entregues em custódia, ou ainda por falta de cuidado no tratamento de membros doentes, a lei ordenava a restituição de bem por bem, boi por boi, burro por burro, etc.

Restituição múltipla – Mas a restituição de muitas vezes o valor do dano infligido é uma pena diferente. O Código ordena restituir três vezes o valor defraudado a outro, cinco vezes a perda ou roubo de mercadorias por parte do transportador, seis vezes o valor defraudado de um agente, dez vezes por roubo ou por perda por negligência de um pastor, doze vezes por falsa sentença dada por um juiz e trinta vezes por roubo por parte de um nobre.

Retaliação – A imposição da mesma perda que um criminoso causava a alguém é claramente prevista nos casos de mutilação: olho por olho, membro por membro, dente por dente, mas também o é na pena de filho por filho, filha por filha, escravo por escravo; e ainda na disposição legal de que um querelante, que perdeu o processo, deveria pagar o valor que pleiteava em sua ação contra o homem que ele acusava.

Punição vicária – Essa retaliação é a explicação do que parece ser punição vicária, em que um homem sofre na pessoa de seu filho ou de sua filha pela perda que causou ao filho ou à filha de outro.

Casos em que nenhuma reivindicação é permitida – Em certos casos, não se permitia apresentar ou mover qualquer ação. A negligência contributiva, a morte natural de refém por dívidas, a agressão acidental de um touro bravio a um homem são excluídas do litígio. Esses acontecimentos cancelam qualquer reivindicação posterior ou são considerados, de modo expresso, casos sem solução. Não há motivo para ação judicial.

Compensação – A compensação pela perda causada por crime ou por negligência é ordenada numa escala fixada pelo Código. Se um homem arrenda um campo e sua negligência em cultivá-lo causa perdas ao proprietário das terras, esse arrendatário era obrigado a pagar um rendimento médio de uma colheita ou uma colheita como a do vizinho ou do campo contíguo. Em tempos posteriores, a imprecisão dessa regra, que poderia dar origem a disputas, foi evitada, sendo substituída por uma cláusula no contrato em que se estipulava um rendimento médio que poderia ser obtido. Para certas áreas de terra, nas quais não era possível estabelecer comparação com o campo vizinho, era estabelecida uma taxa fixa. Era fixada também uma compensação, caso o dono do terreno exigisse a saída do arrendatário antes do término do prazo estipulado.

VIII

DIREITO PÚBLICO

A POPULAÇÃO MISTA DA BABILÔNIA – Os primeiros habitantes da Babilônia são geralmente considerados como uma raça não semita e são denominados sumérios. No meio deles havia uma camada sobreposta de povos semitas. A primeira dinastia da Babilônia é chamada com frequência de árabe. Mas há evidências de uma mistura anterior de povos na área. A história subsequente relata uma sucessão de invasões de cassitas, elamitas e tribos nômades, algumas semitas, outras provavelmente não. Mais tarde chegaram persas e medos, para não falar de gregos e partas.

POSIÇÃO E DIREITOS DOS ESTRANGEIROS RESIDENTES – As guerras contra povos, vizinhos ou não, trouxeram escravos de todos os países, até mesmo do distante Egito. Não é o caso aqui de passar a discutir sobre os elementos estranhos na população babilônica, mas é importante observar qual era a atitude dos babilônios em relação aos estrangeiros residentes no meio deles. As evidências, em geral, são relativamente reduzidas. Pode-se dizer, como regra geral, que os estrangeiros residentes no reino de Babilônia se tornaram cidadãos desse reino e não sofriam qualquer tipo de segregação. Uma seção do Código, se o entendermos corretamente, permite que um estrangeiro compre uma propriedade, desde que assuma as responsabilidades para com o estado que o abriga.

O "mercador" era, em geral e com toda a probabilidade, um estrangeiro, residindo só temporariamente no reino da Babilônia. Nos contratos do período de Hamurabi, com exceção dos frequentes nomes semitas ocidentais, temos poucos vestígios de estrangeiros. Quando os cassitas chegaram, pode-se supor que essa raça conquistadora tenha tido plenos direitos. Na Assíria, não há vestígios de segregação. Egípcios, elamitas, armênios, judeus, arameus têm plena liberdade de contratar, exatamente como os nativos. Nos tempos babilônicos posteriores, encontra-se a mesma liberdade. É claro que com os persas e, mais tarde, com os gregos, não havia qualquer tipo de segregação. Por isso há muito pouco a relatar, em qualquer um dos períodos sucessivos, sob esse aspecto.

Nos textos dessas épocas, há casamentos entre persas e egípcios, com testemunhas babilônicas, persas, egípcias e de outras origens. Há exemplos de medos que alugam a casa de um babilônio e passam a morar nela. Tem curso livre o comércio entre elementos de diferentes etnias. Um pai persa dá nomes babilônicos a seus filhos. Um quadro vivo da nacionalidade mista na época de Artaxerxes II é fornecido nos "Documentos comerciais dos filhos de Murashu" e a lista de nomes próprios de todas as raças e línguas, colhidos por estudiosos dentro do território do império babilônico, ilustra suficientemente esse ponto.

DIREITO À PROPRIEDADE DE TERRAS – A propriedade de terras era um direito de todos, como se pode constatar em diversas passagens do Código, mas acarretava o ônus de impostos e a obrigatoriedade de cultivá-la, de torná-la produtiva pelas próprias mãos ou por meio de arrendamento.

Uma ilustração muito interessante sobre o direito à propriedade fundiária e sobre a relação entre o Estado e o proprietário é proporcionada pela construção de um canal de irrigação nas cercanias da cidade de Sippar. Esse canal deveria atravessar diversas terras e o consentimento dos proprietários tinha de ser obtido. Os magistrados e ilustres da cidade, além dos habitantes dos campos contíguos, foram reunidos. Foram convidados a jurar, como súditos do rei, que não criariam dificuldades. Obtida a anuência de todos, o canal foi construído.

RESPONSABILIDADES DO ESTADO – O Estado assumia algumas obrigações. Pode-se notar, no Código, que o palácio, na falta de outros meios, devia resgatar um oficial feito prisioneiro.

O Estado se fazia presente também por meio da administração local ou distrital. Assim, o Código mostra que o magistrado e seu distrito eram responsabilizados pelos roubos em campo aberto e nas estradas, bem como pelos assaltos nas áreas de sua jurisdição. Pode-se supor que os fundos para assumir essas responsabilidades eram fornecidos pelo templo da cidade, pois se observa que, se um funcionário fosse feito prisioneiro e não dispusesse de meios para pagar seu resgate, o templo da cidade tinha de fornecer o dinheiro.

SISTEMA GERAL DE TRIBUTAÇÃO – Toda a questão de tributação está repleta de dificuldades. Havia certas pessoas que pagavam tributo, isto é, uma parte proporcional de seus produtos, outras prestavam serviços pessoais como forma de quitação do tributo. Diversos tipos de taxas são mencionados em variados textos, taxas a pagar em travessias de balsa, em mercados e em outros locais; havia também requisição de certo percentual das colheitas dos agricultores. Infelizmente, não dispomos de elementos suficientes para poder montar um quadro completo do sistema de tributação nos tempos do reino de Babilônia.

IX

DIREITO PENAL

FALTA DE INFORMAÇÕES SOBRE DIREITO PENAL – Casos relacionados com o Direito penal não eram obviamente descritos nos contratos. Alguns casos, sem dúvida, podem ser inferidos a partir das decisões legais, mas esses são apenas casos em que a pena já tinha sido comutada, de pena de morte ou punição para pagamento de certa soma ou restituição.

São casos que são mais pertinentes como exemplos de direito civil. Mas essa distinção não é a causa de sua raridade ou ausência. Quando um homem tinha de ser morto, açoitado ou exilado, não havia necessidade de um documento por escrito. Por isso as únicas referências que temos fora do Código e das coletâneas de frases são as penas estabelecidas nos contratos de casamento por infidelidade conjugal ou por quebra de contrato voluntariamente acordado entre as partes.

A VINGANÇA DE SANGUE SUBSTITUÍDA POR OUTRO TIPO DE ACERTO – O Código de Hamurabi prevê a vingança de sangue, mas aos poucos essa prática foi sendo abandonada e passou a haver um acerto entre o causador da morte de alguém e o parente próximo do morto, sem recorrer ao derramamento de sangue. Não se sabe ao certo em que consistia esse acerto e se era deixado a critério das partes envolvidas. Encontra-se num texto da época dos assírios um exemplo de acerto, em que o causador da morte entra em acordo com o filho do morto; em vez de exercer seu direito de vingança, esse filho do assassinado aceita uma escrava de presente como compensação pela morte do pai.

INSTIGAR UM ESCRAVO A FUGIR DA CASA DE SEU DONO – Esse ato era proibido pelo Código, sob pena de morte. Mas tem-se notícia de um caso em que uma escrava fugitiva foi recebida de volta pelo proprietário, que perdoou também o homem que a havia incitado a fugir.

ADULTÉRIO E SUA PUNIÇÃO – O adultério era punido de morte por afogamento, segundo reza o Código. Neste e em outros casos de infidelidade conjugal, o Código é explícito, ressaltando que a traição devia ser apanhada em flagrante. A simples suspeita não era suficiente para a condenação. Mas a conduta que levava ao escândalo devia ser expiada pela submissão ao ordálio. Os contratos privados citam a pena de morte como punição por adultério. Geralmente era executada por afogamento, mas a culpada podia também ser jogada para baixo do alto de um templo, de uma torre ou de um pilar. Nos contratos posteriores, a morte era ainda a pena imposta pelo adultério de uma esposa, mas não era mais somente por afogamento; a adúltera podia ser executada a fio de espada.

Uma mulher que arquitetasse a morte do marido, por amor a outro homem, era punida por empalamento.

A PUNIÇÃO DO CRIME DE INCESTO – O incesto por parte de um homem com sua própria filha era punido pelo banimento do culpado. O incesto com uma nora, que já coabitava com o filho, aparentemente condenava o sogro à morte por afogamento. Nesse ponto, o Código é obscuro e não se tem certeza se a nora também era condenada à morte por afogamento. Se a jovem ainda não estava casada, mas somente prometida ou noiva, o caso era tratado como um ato de sedução comum e o culpado devia pagar uma multa de uma mina de prata.

Se um homem cometesse incesto com a própria mãe, ambos deviam ser condenados à fogueira. Se um homem mantivesse relações sexuais com a mãe adotiva, ou com a madrasta, que teve filhos com o pai, devia ser deserdado.

X

ORGANIZAÇÃO FAMILIAR

As fontes de informação – O casamento é o vínculo que une os diferentes membros da família. O casal, seus filhos, escravos e criados, de um lado ou de outro, constituem a unidade familiar. As leis sumérias pressupõem o casamento; mas, pelo que se sabe, só impunha penas para o repúdio dos laços matrimoniais. O Código é muito mais completo e explícito e é a base de tudo o que se conhece a respeito.

Os documentos da época o estendem em alguns pormenores. Nos tempos assírios, pouco ou quase nada se sabe sobre as leis relativas ao casamento. Dos tempos babilônicos posteriores, pouco transparece até o período persa, quando surgem muitas ilustrações. Mas o que se sabe ou se pode obter de insinuações dispersas, deixa claro que o estado de coisas apresentado no Código permanecia praticamente inalterado durante todo esse período.

O contrato de casamento e suas obrigações – O Código é explícito ao afirmar que uma mulher só era esposa ao estar ligada ao homem com um "vínculo" específico. E esse era representado pelo contrato de casamento, em que constava especialmente o nome dos dois, a linhagem de cada um deles, o consentimento obtido por ambas as partes e ainda a inserção da declaração do homem de que tomava essa mulher por esposa. Como regra, rigorosas penas eram estabelecidas em caso de repúdio dos vínculos matrimoniais. Nesse contrato, exigia-se do homem que inserisse a cláusula de que sua futura esposa não seria responsabilizada por qualquer dívida que ele pudesse ter contraído antes do casamento.

Mas o Código decreta que essa cláusula deveria ser adotada pelos dois lados; desse modo, o homem não poderia ser responsável por eventuais dívidas que sua futura esposa tivesse contraído antes do casamento. Caso essa cláusula não fosse inserida em toda a sua amplitude, o casal deveria responder por todas as dívidas de um ou de outro, porventura existentes; essa cláusula, porém, não eximia os dois da responsabilidade conjunta por todas as dívidas que contraíssem após a celebração do casamento.

Relações familiares – O relacionamento familiar era de primordial importância. Por mais que se fale de vestígios do sistema matriarcal na Babilônia, não foram encontrados documentos legais que reconheçam a instituição. O pai era o chefe da família e possuía total poder sobre a esposa e todos os demais membros que compunham a família. Mas a mulher não figurava nessa condição degradada em que o casamento por rapto ou compra a deixava. Ela era inferior ao homem sob certos aspectos, mas era especialmente sua auxiliar e sua honrada esposa.

Antigos clãs – Não era apenas a família, compreendendo o casal e seus dependentes, que constituía uma unidade familiar, mas havia também uma forte ligação com os ancestrais e com a posteridade, o que ampliava a família como um clã. E é nesse sentido que costuma aparecer. A família assim constituída tinha direitos definidos sobre seus membros. Era muito importante para um homem ter certeza de todos esses vínculos familiares. Pode-se notar a importância atribuída em todas as épocas à genealogia de um homem como distinção de sua individualidade. Sua família o identificava. Havia um número muito grande de famílias bem definidas e distintas, que herdavam seus nomes de um remoto ancestral. Pelas evidências de que se dispõe, esses ancestrais não eram, de forma alguma, míticos, mas viveram realmente nos tempos da primeira dinastia da Babilônia. Parece fora de dúvida que remontavam à época da "conquista".

Infelizmente, ainda não foi feita nenhuma tentativa para descobrir as histórias dessas famílias. Mas os homens desses clãs eram chamados *mar bane*, filhos dos antepassados, e tinham privilégios especiais, assinalados com frequência nos textos. Havia outras famílias com menos antiguidade e de menor consideração.

Estas últimas não citavam seu distante antepassado, mas se referiam a ele como um comerciante ou mercador. Seus membros se chamavam ou eram chamados de "filhos do padeiro", "filhos do mercador" e assim por diante. Havia um tribunal de ancestralidade ou de ascendência, que investigava questões decorrentes de alegações de pertencer a essas famílias e que, sem dúvida, guardava em seus arquivos as listas genealógicas dessas famílias exclusivas. Certamente, deviam registrar o nascimento de todos os novos membros e todas as adoções, porquanto homens eram adotados livremente por essas famílias.

GUILDAS DE ARTESÃOS – Não se tem certeza se todos os membros de uma família, que declaravam descendência, real ou adotiva, de um pai artesão, realmente exerciam esse ofício. Se assim fosse, dever-se-ia ter exemplos de uma guilda ou corporação de artesãos. Certamente, muitos homens que exerciam esse ofício eram "filhos" de um artesão, mas aparentemente nem todos. O Código observa a adoção de uma criança por um artesão que lhe ensina sua profissão. Em certas cidades, os diferentes tipos de negócios tinham seus quarteirões. Textos de Nínive falam da "cidade dos ourives", ou seja, quarteirão que reunia grande parte ou todos os ourives.

REGISTRO PÚBLICO DE EVENTOS FAMILIARES – A importância da descendência não era apenas uma questão sentimental. As leis de herança exigiam uma cuidadosa distinção entre herdeiros de pleno direito e uma variedade de possíveis pretendentes. Por isso parece provável que havia o registro de nascimentos, casamentos e óbitos, pelo menos para as famílias nobres ou patrícias. Há um texto, por exemplo, que relata o caso de um homem que afirma ser filho do mesmo pai que outro, alegando, portanto, ser irmão. O outro repudia a afirmação (mas não é possível seguir a argumentação invocada, porque a tabuleta está por demais fragmentada).

Propriedade familiar inalienável – Além disso, como o dote de casamento da esposa, se ela morresse sem filhos, voltava para a "casa do pai dela", e como um homem que morria sem descendência tinha de deixar sua propriedade para a "casa do pai", e como muitos homens só tinham interesse na propriedade como meio de subsistência, enquanto o clã geralmente tinha a preferência de compra em caso de proposta de venda, pode-se deduzir de tudo isso que a família sempre teve uma forte influência sobre a propriedade. Não era somente do interesse do homem ser registrado como membro de certa família, mas era, sobretudo, do interesse do clã registrar todos os seus membros.

Responsabilidades da família para com cada um de seus membros – Há indícios de que a família assumia certas responsabilidades sobre o homem; pois na Assíria parece que a família podia se apresentar e libertar um homem de sua dívida. Há outros exemplos que demonstram a responsabilidade que o clã assumia em defender um de seus membros contra qualquer arbitrariedade cometida contra ele ou por qualquer injustiça de que fosse vítima.

XI

NAMORO E CASAMENTO

PREÇO DA NOIVA – O pretendente se apresentava com presentes aos pais da moça. A maioria dos escritores vê nisso uma sobrevivência do costume de comprar a noiva. O nome desse presente, *terhbcaronitalatu* está indubitavelmente relacionado com o vocábulo que designa a noiva, *marhbcaronitalitu*. Esse presente, ou preço da noiva, diferia muito, dependendo das posses das famílias envolvidas. Tanto dinheiro quanto escravos podiam ser dados, mas uma simples soma de dinheiro era mais comum. Nos casos em que a noiva era rica ou de elevada posição social, o dinheiro contava menos. Uma soma muito usual era de dez siclos, mas há exemplos em que se oferecia de um siclo até três minas. O Código fixa o preço da noiva em uma mina de prata para um patrício ou nobre e em um terço de uma mina para um plebeu.

Sem quitar esse preço da noiva, o jovem não podia se casar. Por isso o Código lhe garantia esse direito, mesmo que o pai dele viesse a morrer antes de ele atingir a idade para se casar, podendo então alienar parte da propriedade paterna para pagar esse preço. Há relatos em que a mulher, excepcionalmente, dava esse presente ao futuro marido. Mas isso poderia ocorrer por causa da extrema pobreza do noivo, caso em que a noiva recebia uma soma de dinheiro dos pais, que a transferia ao noivo. (...)

Se uma esposa morria sem filhos, o marido era obrigado a devolver o dote de casamento à família dela. Mas se o preço que havia pago pela noiva não lhe fosse devolvido, ele poderia deduzir seu valor do dote. Em caso de divórcio, ele era obrigado a restituir à mulher não somente o dote de casamento, mas também o preço da noiva que era devolvido a ele. Se não houvesse, deveria dar a ela uma soma fixa em dinheiro.

Pelos textos recuperados, pode-se concluir que havia uma espécie de cerimônia no ato da apresentação do preço da noiva ao pai: o dinheiro era colocado numa bandeja e entregue aos pais. Essa era, provavelmente, uma parte da cerimônia de noivado.

Se o pai da noiva rejeitasse o pretendente, era obrigado a devolver o preço da noiva que lhe havia sido oferecido. Uma seção curiosa do Código estabelece que, se um amigo do pretendente tentasse, por intrigas, desfazer o noivado ou o casamento, esse intrigante ficava definitivamente excluído da possibilidade de pretender ele próprio se casar com essa moça.

Pena por rompimento do noivado – Se, depois de pagar o preço da noiva ao futuro sogro, o pretendente se apaixonasse por outra moça, ele podia desistir da noiva, mas perdia a soma paga por ela. Há quem suponha que moças se valiam de variados expedientes para que o rapaz as abandonasse depois de ter pago o preço e essas donzelas podiam acumular vários preços de noiva e assim adquirir alguma riqueza.

Isso poderia explicar a ideia do historiador Heródoto de que as moças bonitas se prestavam para formar um dote para as meninas menos prendadas. Mas não há provas de que isso ocorresse ou fosse um estratagema adotado. Ao se casar, a moça devia ser virgem.

Preliminares do casamento – Despertam mais interesse os textos babilônicos mais recentes, porque ilustram de modo mais completo os atos preliminares do casamento. Assim, tem-se uma nota sobre o casamento da filha de Neriglissar: Nabu-shum-ukin, juiz de Ezida, falou com o rei Neriglissar, dizendo: "Dê-me Gigitum, sua jovem filha, por esposa." Apenas poucas linhas são preservadas na tabuleta e não se pode ter certeza de que o casamento se realizou. O caso que se apresenta a seguir é um dos mais claros.

Negociação de um pai para seu filho – Nabu-nadin, filho de Bel-iddin, neto de Ardi-Nergal, assim falou a Shum-ukin, filho de Mushalimu, dizendo: "Dê-me sua filha, Ina-Esagil-banat, a donzela, por esposa para Ubalitsu-Gula, meu filho." Shum-ukin ouviu-o e entregou sua filha solteira Ina-Esagil-banat a Ubalitsu-Gula, seu filho. Ele deu também uma mina de prata, três escravas e mobília de casa, com Ina-Esagil-banat, sua filha, como dote de casamento de Nabu-nadin. Nana-kishirat, criada de Shum-ukin em lugar de dois terços de uma mina de prata, seu preço total, Shum-ukin deu ainda a Nabu-nadin uma mina de prata como dote de casamento. A diferença, um terço de uma mina de prata, Shum-ukin deverá dá-la a Nabu-nadin, e então o dote de casamento será quitado. Cada um ficou com uma cópia do acordo.

Aqui o pai negocia em lugar do filho. Não há provas de que o preço da noiva tenha sido realmente pago. Mas exemplos desse tipo de documento são muito poucos para estabelecer conclusões definitivas. No caso seguinte, tem-se algo bastante parecido.

NEGOCIAÇÃO COM UMA MÃE PARA SUA FILHA – *Dagil-ilani, filho de Zambubu, falou com Hucama, filha de Negal-iddin, filho de Babutu, dizendo: "Dá-me tua filha, Latubashinni, ela será minha esposa." Hucama ouviu-o e lhe deu a filha Latubashinni, por esposa; e Dagil-ilani, na alegria de seu coração, deu a Hucama por Latubashinni, sua filha, a criada Ana-eli-beli-amur por meia mina de prata e mais uma mina e meia de prata. No dia em que Dagil-ilani tomar uma segunda esposa, Dagil-ilani deverá dar a Latubashinni uma mina de prata e ela voltará para onde estava antes. Com o conhecimento de Shumiddin, filho de Ina-eshi-eter, filho de Sin-damaku.*

Aqui o próprio pretendente negocia. A mãe lhe cede a noiva. É difícil dizer se ele realmente a comprou. A mãe podia ter adotado a menina para cuidar de sua velhice, como era costume. O noivo pode ter compensado a mãe com meios para que ela adotasse outra filha. Não se pode saber que papel desempenhava Shum-iddin. Talvez fosse o verdadeiro pai da noiva e por isso devia ser notificado de que a filha seria bem tratada pela mudança de condição. Ou o consentimento dele para a realização do casamento talvez fosse necessário. A pena prevista para o divórcio não é alta e a noiva provavelmente era pobre; percebe-se que não tinha dote. Em outros casos, chegava a seis minas de prata a compensação prevista para o divórcio. Ocasionalmente, o contrato de casamento mencionava também uma pena em caso de adultério por parte da esposa.

Papel das partes contratantes – As mulheres eram dadas em casamento. O pretendente pela mão dela talvez não a visse até o dia de casamento, mas isso não é provável, uma vez que o Código afirma que ele pode ter olhado para outra e assim desejar desfazer seu compromisso. De qualquer forma, ele levava presentes para o pai dela, que aceitava ou rejeitava esse pretendente. Não há indícios de que a mulher tivesse liberdade de escolha. O resultado desse poder sobre o casamento da filha era quais as condições que poderiam ser impostas para a efetivação do casamento. A noiva poderia ser obrigada a prestar serviços a uma primeira esposa do pretendente ou à mãe dele. Além disso, não havia liberdade total para dispor dos bens ou da propriedade depois do casamento. Dependia do que o pai da noiva havia estabelecido no acordo de casamento. Bens e propriedades eram estritamente destinados aos filhos da mulher e, caso esta não os tivesse, esses bens voltavam para a casa do pai dela.

Entrega da noiva – Nos primeiros tempos, era geralmente o pai que liberava a noiva para o pretendente. Mas, em muitos casos, esse dever recaía sobre a mãe. Por que isso ocorria, não se sabe. Talvez o pai já tivesse morrido, ou a moça não era filha legítima dele, hipóteses que parecem explicar melhor o fato. Na ausência de pai e de mãe, o irmão como chefe da família assumia esse encargo. Os exemplos dessa situação são bastante comuns.

Em tempos posteriores, há também numerosos exemplos do poder dos parentes do lado paterno em dar a menina em casamento. Talvez se possa deduzir que as crianças, nesses casos, eram muito pequenas ainda, mas já eram prometidas para futuro casamento.

As viúvas eram livres para dispor de si mesmas – As mulheres, uma vez casadas, tinham liberdade de se casar novamente e com quem quisessem, desde que fossem divorciadas, separadas ou viúvas. Uma jovem já prometida ou noiva, se seu casamento ainda não tivesse sido consumado e, caso fosse seduzida pelo sogro, em cuja casa ela tinha ido morar, também estava livre para se casar com quem quisesse. Mas não parece que as mulheres ainda virgens tivessem a liberdade de escolher seus próprios maridos. Até mesmo princesas eram dadas em casamento.

Requisito para um casamento legal – O consentimento do pai ou do tutor do noivo era requisito essencial para um casamento legal. O homem não era totalmente livre para se casar quando bem entendesse. O Código fala de um filho, colhido ainda novo pela morte do pai e, portanto, ainda jovem demais para se casar. O Código estabelece que, em tal caso, os irmãos do menino, ao dividirem a propriedade do pai, eram obrigados a separar para ele, além de sua parte na propriedade paterna, uma soma pelo preço da noiva e deveriam ainda tomar uma esposa para ele. Provavelmente os homens se casavam ainda jovens e continuavam morando na casa paterna, pois o Código reza que a noiva era levada a morar na casa de seu sogro.

Nos tempos babilônicos posteriores, de qualquer forma, o filho não podia se casar sem o consentimento do pai. Caso isso ocorresse, a mulher deveria ser marcada com o sinal de concubina.

Tribunal de registro – De vários exemplos extraídos dos textos, a conclusão inevitável é que, se uma mulher desejasse ser uma esposa no sentido pleno do termo, teria de obter o consentimento do pai de seu noivo. Um dos textos diz literalmente o seguinte: "No dia em que uma mulher for vista com um rapaz, este deverá levá-la à casa do matrimônio... Se isso não ocorrer, ela passará a usar o sinal de concubina." A mãe dela devia estar presente no ato de selar o acordo. Disso se pode deduzir que os casamentos ocorriam num local específico, denominado "casa do matrimônio". O nome do local era, traduzindo literalmente, "casa dos machos" ou "casa dos filhos dos ancestrais". É claro que esse era um tribunal de registro, no qual estavam inscritos todos os que tinham pretensões de ancestralidade ou que eram pessoas de posição na sociedade.

Alguém cujo nome figurasse nesse local era realmente homem "com um nome", também dito "filho de um ancestral". Provavelmente era ali registrado nos dias do nascimento, do casamento e da morte. O administrador dessa casa era alguém que lançava todos os registros e, evidentemente, podia celebrar os casamentos. Esperava-se, nesse caso, que a mulher, se desejasse se casar adequadamente, deveria convidar o pai do noivo, cujo consentimento era necessário. (...)

O PRESENTE AOS PAIS DA NOIVA – Vimos que o *terhbcaronitalatu*, ou presente feito aos pais da noiva pelo pretendente antes do casamento, era geralmente entregue à noiva quando esta seguia para a casa do marido. Há referências frequentes a essa preliminar essencial. Tinha de ser cuidadosamente reservada para o jovem por sua mãe ou irmãos, se ele não se havia casado quando o pai ainda vivia; isso lhe era garantido por lei, além da parte que deveria caber a ele na divisão da herança paterna. Caso contrário, seria prejudicado se tivesse de providenciar isso por seus próprios meios, enquanto seus irmãos casados haviam recebido os meios do pai ainda vivo. Geralmente era uma quantia de prata, de um siclo até três minas. Nos tempos posteriores de Babilônia, existem poucos indícios de que os pais recebessem presentes. De vez em quando, aparece um caso, como o de um homem que deu uma escrava e uma mina e meia de prata à mãe da noiva, mas não está claro no texto, se era ou não para comprá-la.

O DOTE DA NOIVA – Uma parte muito mais valiosa para a noiva era o dote. Se o pai dela não estivesse vivo para entregá-lo, o dever recaía sobre os herdeiros dele, e ela tinha o direito de recebê-lo, além da parte que lhe tocava da herança. Assim, descobrimos que os irmãos, ao destinarem parte da herança à irmã, se comprometiam a dar-lhe também um dote, se ela se casasse.

O ENXOVAL DA NOIVA – Os textos nos fornecem algumas listas que mostram o que podia constituir o enxoval de uma noiva babilônica. Uma delas relata primeiramente o que o pai tinha dado ao notário e ao sacerdote de Marduk por ela ter feito seu voto e entrado no templo de Anunitum. Era a "doação" que ele fazia em favor dela e era conhecida pelo mesmo nome que o dote de casamento de uma noiva. Compunha-

-se dos seguintes itens: meio siclo de ouro para um adereço do nariz, dois siclos de prata para um anel, outro anel de prata de um siclo, três mantos, três turbantes, um pequeno sinete de cinco minas, duas joias de qualidade desconhecida, uma cama, cinco cadeiras, cinco tipos diferentes de objetos aparentemente feitos de junco e a concubina Suratum, sua madrasta. Infelizmente, algumas traduções dos termos constantes dessa lista são um tanto duvidosas.

É interessante notar que o pai deixou para sua filha a concubina, que provavelmente era escrava e, possivelmente, mãe da menina. Mas agora a moça está prestes a se casar e sua própria mãe, Shubultum, verdadeira esposa de seu pai, juntamente com seus irmãos e irmãs, doa à jovem todos esses bens e faz com que ela entre na casa do marido. Eles tinham direito reversivo sobre os bens dela, pois, como jovem consagrada à divindade, ela não podia aliená-los de sua família. Por isso eles renunciam agora a esse direito, pois sabem que, após o casamento dela, os bens vão passar aos filhos, se ela os tiver. Nesse sentido é que eles afirmam que "dão" a ela o que o pai já lhe havia "doado". Além do mais, eles devolvem ao marido o *terhbcaronitalatu* de um terço de uma mina de prata, com que ele os havia presenteado. O dote de casamento não poderia ser reclamado pela família da esposa, após sua morte, se ela tivesse filhos. Se não os tivesse, o dote voltava para a família original dela.

Natureza do dote – Outra longa lista, também uma "doação" a uma jovem consagrada à divindade, se encontra em dois documentos que contêm aparentemente uma queixa apresentada ao rei. Nenhum dos dois é completo no tocante ao objetivo que se propõem como cartas ou relatos escritos na primeira pessoa, mas se pode notar que são cópias idênticas, uma vez que conservam a mesma lista, que é a seguinte:

"Quatro... de ouro, dois anéis... cada um deles... duas bandejas, esculpidas com pássaros, uma bandeja esculpida como um leão, cuja cabeça é de madeira e as bordas também de madeira, uma cadeira de madeira, três cadeiras de diferentes feitios, um pote de óleo, um vaso de óleo... um recipiente de cobre... um... dois... de cobre..." (texto rasurado ou incompleto, uma vez que a tabuleta de argila estava aos pedaços, faltando alguns deles).

Embora essa lista esteja cheia de palavras cujo significado ainda é obscuro, pode-se ver os principais objetos que constituíam o dote: joias, móveis, bandejas, vasos, panelas e outros utensílios de uso doméstico. (...)

COSTUME POSTERIOR – Durante a quarta dinastia da Babilônia, registra-se o presente de terras por um pai à filha, por ocasião do casamento desta. Da época do predomínio dos cassitas, há uma lista semelhante à mencionada há pouco, mas não é facilmente traduzível. Os supostos exemplos de dote nos tempos de dominação dos assírios não são realmente desse tipo. Mas na era babilônica posterior, o dote ainda era dado pelo pai. É chamado, no entanto, *nudunnu*, termo que anteriormente era reservado para designar o presente do marido à esposa. Um texto da época registra um *nudunnu*, que consistia de dez minas de prata, quatro criadas, móveis de casa e utensílios. Podia incluir também ovelhas e bois. Uma longa lista poderia ser feita, com base nessas fontes, dos móveis e utensílios de casa, mas, como antes, não se sabe o que a metade desses termos realmente significa ou indica.

PAGAMENTO DO DOTE – Existem muitos exemplos de recibos que comprovam o recebimento integral do dote. Às vezes, era somente prometido. Nem sempre era pago prontamente. O pai poderia ter prometido um dote e inclusive ter dado um presente à filha, mas, se seus recursos viessem a escassear, ele não podia ser obrigado a cumprir integralmente a promessa. Podia fazer o que estivesse a seu alcance no momento. A lei acrescenta, de modo significativo, que "sogro e genro não devem se indispor por causa disso". Constata-se que, com frequência, eram movidas ações para obter um dote. Há um caso em que o pagamento foi retido por nove anos.

DINHEIRO DA ESPOSA PARA GASTOS PESSOAIS – Um marido podia fazer uma doação à esposa. Na época do Código, era chamada *nudunnu*. Tinha de figurar como presente. Podia abranger bens geradores de renda assim como bens pessoais. Mas era algo que pertencia a ela somente em vida. Podia distribuir esses rendimentos como bem entendesse entre os filhos do casal, mas não podia transferi-los a membros de sua própria família. Podemos considerar isso como dinheiro para despesas pessoais. Os herdeiros de seu marido não podiam exigir parte dele enquanto ela vivesse. Mas ela o perdia, caso se casasse novamente.

O PERÍODO DE NOIVADO – A donzela prometida não deixava imediatamente a casa do pai. Sabe-se disso pelo próprio Código, que estabelece uma pena para quem seduzisse uma noiva que vivia na casa de seu pai. Parece que, de ambos os lados, o noivado era celebrado já na infância e que os arranjos estavam a cargo dos pais. Cabia ao pai escolher e dar uma esposa ao filho.

A CERIMÔNIA DE CASAMENTO – Nem o Código nem os contratos lançam luz sobre a cerimônia de casamento, mas uma tabuleta publicada pelo Dr. Pinches no "Proceedings of Victoria Institute", 1892-93, reimpressa como "Notas sobre algumas descobertas recentes no campo da assiriologia", contém algumas sugestões. É muito fragmentária e parece uma tradução do sumério. O texto nem sempre é claro no tocante aos atores mencionados, mas pode-se deduzir, em princípio, que os ministros oficiantes, sacerdotes ou anciãos, colocavam suas mãos e pés contra as mãos e os pés do noivo, depois a noiva deitava a cabeça no ombro do noivo, que lhe dizia: "Eu sou filho de nobres; prata e ouro encherão seu colo, você será minha esposa, eu serei seu marido. Como o fruto de um jardim, eu lhe darei uma prole."

Nesse ponto, há uma grande lacuna. Mas a coluna seguinte parece uma continuação do ritual do casamento. Os ministros oficiantes, com toda a cerimônia, calçavam sandálias nos pés dos recém-casados, davam-lhes um cinto de couro e prendiam nele uma bolsa com prata e ouro. Na parte seguinte da cerimônia, o novo casal era deixado em algum lugar no deserto. Então, voltando o rosto para o pôr do sol e dirigindo-se ao homem, o ministro dizia: "Juro pelos grandes deuses e você pode ir." Pedia-lhe que não se despojassse da vestimenta de Ea, nem de algo pertencente a Marduk de Eridu. Segue-se outra grande lacuna, mas o texto continua na quarta coluna, com os dizeres: "Até que você se estabeleça em casa, até que tenha chegado à cidade, não tome qualquer alimento e não beba água, não prove as águas do mar, águas doces, águas amargas, não prove as águas do Tigre, as águas do Eufrates, águas do poço, nem águas do rio, para voar para o céu, não dirija suas asas, para cavar na terra, não estabeleça sua habitação. Como um herói, filho de seu deus, que seja puro."

A passagem é muito difícil e grande parte da interpretação é hipotética, mas o objetivo do discurso parece ser que o jovem tivesse de ir direto para casa, morar com a esposa e ser bom, como um verdadeiro filho de deus. A primeira coluna parece ser uma enumeração de homens que são amaldiçoados com impropérios, por exemplo, "alguém que sua mãe gerou com choro" e talvez faça parte de uma oração para que o noivo nunca seja como esses homens. Apesar das várias e grandes lacunas, é difícil imaginar que o texto pudesse se referir a outra coisa que não fosse uma cerimônia de casamento.

O PRIMEIRO LAR – O jovem casal nem sempre construía uma casa própria; com muita frequência passavam a morar na casa do pai do noivo. Isso é comprovado pela pena estabelecida pelo Código no caso de sedução de uma nora por um sogro. A nora morava na casa dele.

A MONOGAMIA PREVALECEU NOS PRIMEIROS TEMPOS – Um homem tinha, normalmente, uma só esposa. A poligamia, no entanto, não era desconhecida. Por uma variedade de razões, os homens tinham, às vezes, duas esposas, mas esses casos eram tratados como exceções. Um homem também podia ter uma concubina ou uma escrava para lhe dar filhos. Estas não geravam filhos legítimos. Ele podia adotá-los, mas não era obrigado a fazê-lo. Se um homem se casasse duas vezes, os filhos de ambos os casamentos dividiam igualmente os bens deixados pelo pai, mas não podiam juntar os dotes das mães num fundo comum e dividi-lo em partes iguais. Os filhos da primeira esposa dividiam entre si dote da própria mãe e os filhos do segundo casamento faziam o mesmo.

Poligamia nos tempos posteriores – Na época da dominação da Assíria, há evidências claras de que entre os escravos e servos, pelo menos, a poligamia era bastante comum. Na era babilônica posterior, a poligamia também existia. As esposas podiam ser irmãs. Os textos falam de uma "segunda esposa". Mas como a segunda esposa era julgada de posição inferior à primeira e no contrato de casamento constava a cláusula de que, em caso de incompatibilidade entre as duas, o marido deveria pagar à segunda uma mina de prata e permitir que ela voltasse para a casa do pai dela. Nesse caso, o homem dificilmente era considerado bígamo. Era um caso de divórcio e talvez fosse até necessária uma cerimônia legal perante juízes.

Concubinato – Um homem podia ter uma ligação com uma mulher que não fosse sua esposa. Uma concubina era uma mulher livre, mas não tinha o status de esposa; apesar disso, ela podia trazer consigo um dote, sobre o qual tinha os mesmos direitos que uma esposa legítima. Era introduzida na mesma casa da esposa, mas não podia rivalizar com ela. A desculpa de um homem para tomar uma concubina era que sua esposa não lhe gerava filhos. Não tinha permissão para tomar uma concubina, mesmo que sua esposa não tivesse filhos, se esta lhe desse uma criada para lhe dar filhos. Somente quando a esposa não tinha filhos e não lhe cedia uma criada é que ele era autorizado a introduzir em sua casa uma concubina e esta figurava, de fato e de direito, como segunda esposa dele, apesar de que muitas vezes fosse obrigada a servir a primeira esposa e tratá-la como sua patroa. Mas ela tinha os mesmos direitos de uma esposa. Se fosse afastada, o marido teria de lhe restituir o dote, caso ela o tivesse.

Ela tinha o usufruto de casa, campo e bens. Não era privada de seus filhos, mas tinha a custódia deles e zelava por sua criação e educação. Quando tomassem posse da herança deixada pelo pai, ela compartilhava com eles, recebendo parte igual à de um filho. Então ela estava livre para se casar novamente. Parece que, em qualquer caso, os filhos de uma concubina eram filhos de plenos direitos e de posição idêntica à dos filhos da primeira esposa. Quando o pai dava um dote a uma filha, esta não tinha direito de participar com seus irmãos e irmãs da divisão dos bens deixados pelo pai, após a morte. Mas se o pai não lhe havia dado dote algum, os irmãos deviam ceder a ela uma parte na divisão da herança deixada pelo pai.

A CRIADA COMO ESPOSA DE SEU PATRÃO – O caso era diferente com a criada – uma escrava que, com o consentimento da patroa, gerou filhos para o patrão. Ela continuava escrava e, se rivalizasse com a patroa ou fosse impertinente, poderia ser reposta novamente entre os escravos; talvez até mesmo marcada com um sinal. Mas se tivesse gerado filhos, não podia ser vendida como escrava. Na morte de seu patrão, ficava livre. Seus filhos já eram livres desde o nascimento. Se o patrão assim o quisesse, podia confirmar que eram seus filhos de plenos direitos por simples reconhecimento verbal. Era suficiente dizer "meus filhos". Mas ao fazê-lo, provavelmente deveria ser comprovado por uma testemunha. Uma família que não fosse reconhecida pelo pai teria, na morte deste, apenas a mãe. Em tal caso, a mãe era obviamente a chefe de família. Devemos estar atentos para não confundir sua posição ou a da concubina com exemplos de matriarcado. Se ela estava penhorada por dívida, não podia ser vendida, mas deveria ser resgatada.

CASAMENTOS E HERANÇA ENTRE ESCRAVOS – Que um escravo geralmente fosse casado com uma escrava com o consentimento e com o apoio de seu dono era normal. Os donos chegavam até mesmo a comprar uma escrava para ser esposa de um escravo. Não há razão para pensar que o proprietário não respeitasse os direitos matrimoniais do escravo. Mas a esposa do escravo nem sempre era de propriedade do dono do escravo. Às vezes, ela pertencia a um proprietário diferente ou era livre. Não era nenhum desdouro ser ou se tornar esposa de um escravo. Uma mulher livre podia não somente se casar com um escravo, mas também podia levar consigo um dote de casamento, como se tivesse se casado com alguém de sua própria condição.

O homem, que não tivesse propriedade proveniente dos ancestrais, era "um filho de ninguém". Por isso, quando vinha a falecer, toda a propriedade a ser dividida consistia naquilo que o casal havia adquirido após o casamento e no dote da esposa. A este, ela tinha pleno e inquestionável direito. O dono era o herdeiro de seu escravo. Assim, os bens que o casal havia amealhado durante a vida de casados eram divididos em duas partes iguais. O proprietário do escravo levava a metade, a esposa tomava a outra metade para ela e seus filhos. Os filhos eram todos livres. Quando pai e mãe eram escravos, os filhos o eram também. Para os filhos de escravos, não havia, portanto, nada a herdar.

MENINAS SEM PAI – Sempre que a mãe aparece sozinha, dando a filha em casamento, pode-se suspeitar que o pai estava morto ou que a mãe se havia divorciado. Quando a mãe era sacerdotisa ou consagrada à divindade, sabe-se que essa pessoa não tinha o direito de ter uma filha e, portanto, não há por que se surpreender que o *terhbcaronitalatu* oferecido à menina fosse pequeno, cinco siclos ou até mesmo um siclo. Por isso é que a pena imposta ao homem por se divorciar de semelhante esposa é de apenas dez siclos. Por outro lado, se ela fosse infiel, deveria ser condenada à morte por afogamento.

CASAMENTO DAS CONSAGRADAS À DIVINDADE – Muito singulares são os casos em que uma sacerdotisa ou consagrada à divindade se casa. Sabe-se pelo Código que, às vezes, isso acontecia; mas era de se esperar que a consagrada à divindade, embora casada, guardasse o voto de castidade ou se mantivesse sempre virgem. Um texto relata que uma mulher primeiramente consagra a filha à divindade, depois a dá em casamento e declara, ao mesmo tempo, que a filha é consagrada aos deuses e que ninguém pode ter pretensões com relação a ela.

CASAMENTO DE DUAS IRMÃS COM UM SÓ HOMEM – Um texto fala do casamento de duas irmãs com o mesmo homem. Há duas tabuletas que o relatam. A primeira traz o contrato entre o marido e as duas esposas, e reza:

"Ardi-Shamash tomou por esposas Taram-Sagil e Iltani, filhas de Sin-

-abushu. Se Taram-Sagil e Iltani disserem a Ardi-Shamash, seu marido: 'Você não é meu marido', alguém deve jogá-las do alto do Anzag-Garki; e se Ardi-Shamash disser a Taram-Sagil e a Iltani, suas esposas: 'Vocês não são minhas esposas', ele deverá deixar a casa e os móveis. Além disso, Iltani deverá obedecer às ordens de Taram-Sagil, deverá levar sua cadeira ao templo de seu deus. Iltani deverá preparar as provisões de Taram-Sagil, deverá cuidar do bem-estar da irmã, nem deverá se apropriar de seu sinete."

Seguem-se então os nomes de dez testemunhas, mas sem data.

O segundo documento parece ser elaborado mais de acordo com o ponto de vista das irmãs e diz:

"Iltani, irmã de Taram-Sagil, Ardi-Shamash, filho de Shamash-ennam, tomou-as por esposas do pai delas, Uttatum. Iltani deverá preparar as provisões de sua irmã, deverá cuidar do bem-estar da irmã e deverá levar sua cadeira ao templo de Marduk. Os filhos que ela gerou ou que vier a gerar serão filhos delas. (Se Taram-Sagil) disser a Iltani, sua irmã, 'Você não é minha irmã' (a pena desapareceu porque a tabuleta está rompida nesse local). (Se Iltani disser a Taram-Sagil, sua irmã): 'Você não é minha irmã', deverá ser marcada e vendida. Se Ardi-Shamash disser à sua esposa: 'Você não é minha esposa', ele deverá pagar uma mina de prata; e se elas disserem a Ardi-Shamash, seu marido: 'Você não é nosso marido', deverão ser amarradas e jogadas no rio."

Constam então os nomes de onze testemunhas, mas novamente sem data.

A relação exata entre as duas irmãs não é clara. Num caso, parecem ser filhas de Uttatum, no outro, de Sin-abushu. Pode ser também que só Iltani fosse filha de Sin-abushu. Nesse caso, talvez Uttatum a tivesse adotado. Mas podem ser filhas da mesma mãe e de pais diferentes, um dos quais é mencionado num caso e o outro, no outro.

Ou elas podiam ser realmente filhas de Sin-abushu, se a mãe delas se tivesse casado depois com Uttatum, que era, portanto, o padrasto das irmãs. Está bem claro que Iltani devia servir sua irmã e, se ela a repudiasse, deveria ser tratada como escrava. Isso é exatamente idêntico à condição de criada-escrava, que uma esposa ou consagrada à divindade (segundo o Código) providenciava para o marido. Talvez Taram-Sagil tivesse se tornado uma inválida sem cura.

Uma comparação dos dois textos é interessante sob outros aspectos. Curiosamente, as penas diferem. Se Ardi-Shamash repudiar suas esposas, num caso ele perde casa e móveis e no outro, paga uma mina de prata. Uma pena seria por repudiar Taram-Sagil e a outra por repudiar Iltani? Mas se elas o repudiassem, as penas seriam diferentes nos dois documentos, a menos que Anzag-Garki seja um ideograma indicando "lugar íngreme", do qual seriam jogadas na água.

CASAMENTO COM CONDIÇÕES ESPECÍFICAS – Não eram raros casamentos que impunham condições ao marido e à esposa em relação a terceiros. Assim, uma mãe dá a filha em casamento a um homem, com a condição de que a filha continue a sustentar a mãe enquanto esta viver. Nesse caso, se o marido repudiar a esposa, devia pagar uma mina de prata; caso fosse ela que repudiava o marido, deveria ser jogada do alto de um pilar. Esse pilar poderia refletir o verdadeiro significado do *Anzag-Garki*, que parece configurar uma tentativa de indicar, de forma ideográfica, *zigguratu*, torre.

Um caso muito semelhante é o de uma dama que toma uma moça para ser esposa do filho, mas estipula que a esposa deverá tratá-la como patroa. Se ela disser à sogra: "Você não é minha patroa", deverá ser marcada e vendida. Enquanto a mãe viver, os dois juntos deverão sustentá-la. Pode-se supor que esse poder materno, como é mostrado aqui sobre o filho, derive do fato de ter sido adotado para sustentar a mãe de criação na velhice. Isso era feito com frequência. Os filhos adotados poderiam ter sido escravos antes da adoção. Nesse caso, a mãe deixa ao filho tudo o que possui ou que ainda possa adquirir.

XII

DIVÓRCIO E DESERÇÃO

As primeiras regulamentações sobre o divórcio – O divórcio é regulamentado pelo Código. As leis sumérias parecem considerar o vínculo matrimonial dissolúvel por parte do homem por meio de um simples ato de repúdio, acompanhado por uma compensação de meia mina de prata. A esposa, no entanto, era punida de morte se repudiasse o marido. O Código limita a facilidade do divórcio para o homem e torna possível sua obtenção por parte da mulher.

Direitos de uma esposa divorciada – O divórcio da esposa ou da concubina exigia do ex-marido que provesse pela manutenção dela. A esposa divorciada tinha a custódia de seus filhos, se os tivesse. Eles não eram deserdados pelo divórcio. A mulher divorciada retinha o dote que havia trazido para a casa do marido. Além disso, junto com seus filhos, tinha uma parte da herança do ex-marido, quando este morresse. Se ele se casasse novamente após o divórcio, os filhos de ambos os casamentos dividiam entre si a herança, em partes iguais. Ela também estava livre para se casar novamente, mas aparentemente não até que seus filhos estivessem de posse da herança do falecido marido, portanto, não podia fazê-lo enquanto ele ainda estivesse vivo.

Motivos de divórcio – O divórcio era permitido em razão da falta de filhos. O marido devolvia à esposa o dote completo. Além disso, tinha de lhe dar o montante que ele havia pago pela noiva aos pais dela durante o namoro e que estes, como de costume, lhe haviam devolvido por ocasião do casamento. Se esse preço da noiva não tivesse sido pago, então ele pagava, no momento do divórcio, uma soma fixa, uma mina de prata se fosse patrício ou nobre e um terço de mina, se fosse plebeu. Ao que parece, um escravo não tinha a liberdade de se divorciar.

Proteção dos direitos da esposa – A esposa podia ficar com aversão de seu marido, predispor-se a deixá-lo e negar-lhe os direitos conjugais. Isso provavelmente correspondia à deserção. Tornava-se necessária então uma investigação judicial. Se maus-tratos ou negligência da parte dele fossem constatados e ela não tivesse culpa, o divórcio era concedido. Ela recolhia seu dote e voltava para a casa do pai. Mas como isso ocorria por sua própria iniciativa, ela não recebia pensão alimentícia. Supõe-se que deveria ter sido um casamento infeliz desde o início e que não havia filhos.

Se fosse provado que era uma péssima esposa, era tratada como adúltera e condenada à morte por afogamento. Por outro lado, mesmo que fosse uma péssima esposa, o marido poderia simplesmente repudiá-la, sem pagar qualquer preço pelo divórcio. Nesse caso, não havia suspeita de infidelidade da parte dela. Ou o marido podia rebaixá-la para a condição de escrava. Não há menção nesses casos de retorno dela para a casa dos pais.

Doença crônica que acometesse a esposa não era motivo para divórcio. O marido tinha de mantê-la. Ele podia, no entanto, tomar uma segunda esposa. Se ela não quisesse ficar em sua casa nessas condições, poderia deixá-lo, tomar seu dote e retornar para a sua família de origem.

Ilustrações extraídas de contratos – Já foi visto que o Código regula as questões decorrentes do divórcio. Os exemplos nesse período são poucos. Num caso, um homem repudiou a esposa e ela recebeu um pagamento pelo divórcio. Afirma-se expressamente que ela poderia se casar com outro homem e que seu ex-marido não iria se opor. Esse documento é, no entanto, pouco mais que um acordo para cumprir os termos do divórcio. Em outro caso, um contrato de casamento indica a multa que um homem deve pagar por ter se divorciado da esposa. Em todos esses casos, a palavra utilizada para designar o divórcio é *ezébu*, literalmente, "mandar embora".

Mas há um caso em que um homem se divorciou da esposa pelo simples fato de dizer: "Você não é minha esposa". Pagou então uma multa, devolveu o dote e assim por diante, conforme está estabelecido no Código. Era muito mais difícil para uma mulher conseguir o divórcio do marido. Poderia fazê-lo, mas somente por meio de uma ação judicial. Como regra geral, os contratos de casamento mencionam a morte como punição, se ela repudiasse o marido. A morte por afogamento é geralmente citada. Isso estava de acordo com a Lei V do Código Sumério.

Pode-se considerar o repúdio ao esposo e à esposa, um pelo outro, e a deserção como pontos de partida que levavam ao divórcio; por isso convém considerar adequadamente esses pontos.

DESERÇÃO INVOLUNTÁRIA – A deserção de uma esposa de seu marido podia ser involuntária. O Código trata do caso de um homem capturado pelo inimigo. Se a esposa tivesse sido deixada em casa com todas as provisões, era obrigada a permanecer fiel ao marido ausente. Se ela entrasse na casa de outro homem, era condenada à morte como adúltera. Mas se não tivesse provisões suficientes em casa, ela podia entrar na casa de outro homem sem incidir em culpa. Na nova casa, ela podia gerar filhos. Mas mesmo nesse caso, ela deveria voltar ao marido original quando ele retornasse. Os filhos que ela tivera na ausência dele deveriam ser de responsabilidade do verdadeiro pai deles. O fato de a lei prever tais casos decorre da existência de frequentes guerras, nas quais a sorte nem sempre estava do lado da Babilônia.

DESERÇÃO VOLUNTÁRIA – Mas o marido podia desertar da esposa voluntariamente. Então, se a esposa era deixada sem provisões para sua subsistência, ela podia entrar na casa de outro homem. O marido que a abandonara, ao retornar, não podia exigir que ela voltasse para ele.

Um texto relata uma decisão legal num caso em que um homem abandonou a esposa por 20 anos e "a deixou à própria sorte, não a amava". Durante esse período, uma filha, verdadeira ou adotiva, não se sabe, cuidou da mãe. A ela a mãe deixou, entre outras coisas, a propriedade e uma escrava. Morta a mãe, o inconsequente marido voltou e exigia da filha que lhe desse a escrava. Sua ação foi julgada improcedente.

Entre as causas que davam à esposa motivo de divórcio estavam as "saídas" do marido, provavelmente um eufemismo para indicar adultério da parte dele. Menosprezar a esposa era outro motivo para denúncia por parte dela. O que isso significa não é muito claro, mas pode-se considerá-lo como persistente negligência.

XIII

DIREITOS DAS VIÚVAS

AUTORIDADE DA VIÚVA NO LAR – O Código não deixa dúvidas quanto à posição da viúva. Ela tinha o direito de permanecer na casa do marido até morrer, mas não era obrigada a isso. Se permanecesse, era a chefe da família. Procurava conseguir meios para que os filhos pudessem arranjar uma esposa e para que as filhas tivessem um dote. Atuava nessas questões com o consentimento e a assistência de seus filhos adultos. Mas ela podia optar por sair de casa e se casar novamente.

DIREITOS DE HERANÇA – Enquanto permanecesse na casa do falecido marido, ela desfrutava de tudo o que havia trazido como dote, não importando o que o marido tivesse estabelecido, e recebia ainda uma parte dos bens do marido quando este morresse. A parte da viúva era igual à de um filho. Mas ela não podia alienar nenhum desses bens. O Código declara expressamente que, depois da morte dessa viúva, eles pertenciam a seus filhos e estes não podiam mandá-la embora. Se desejassem fazer isso, o caso era levado aos tribunais e ela era consultada a respeito. Se quisesse permanecer, podia fazê-lo e o juiz obrigava os filhos a respeitar a vontade dela. (...)

CASAMENTO DE VIÚVA – Uma viúva poderia se casar novamente, se assim o quisesse. Não precisava mais ser dada em casamento. Era livre para se casar com o homem de sua preferência. Podia levar com ela o dote para sua nova casa, mas tinha que deixar qualquer coisa que o ex-marido lhe tivesse dado ou qualquer parte de seus bens que deveria caber a ela, após a morte dele. Sua família não era obrigada a lhe dar novo dote pelo segundo casamento. Mas ela não podia dispor como bem entendesse do que lhe pertencia. Se tivesse filhos do primeiro casamento e também do segundo, todos eles deviam dividir em partes iguais o dote, de que só ela desfrutava em vida. Se não tivesse filhos do segundo casamento, os do primeiro herdavam tudo o que ela deixava.

COMO DISPOR DOS BENS DO PRIMEIRO MARIDO – Pressupõe-se que os filhos dela tinham idade suficiente para cuidar de si mesmos, quando da morte do marido. Caso contrário, ela não podia se casar novamente e abandonar sua primeira família. Não tinha liberdade de contrair um segundo casamento sem o consentimento do tribunal. Mas não há evidências de que pudesse ser negado, se fossem observadas condições adequadas. Os bens do primeiro marido eram inventariados e, se o consentimento para o segundo casamento fosse concedido, ela e seu novo marido eram obrigados por contrato a reservar todos os bens do falecido marido para os filhos dele.

Com essa condição, os recém-casados tomavam posse de pleno direito do uso dos bens do falecido e eram obrigados a educar os filhos até a idade adulta. Não poderiam ter maior interesse em negligenciá-los, uma vez que nada do que pertencia ao falecido podia tornar-se propriedade dos recém-casados. Se os filhos morressem, tudo reverteria para a família do falecido. Os recém-casados não tinham outro interesse nos bens do que o usufruto deles até que os filhos estivessem em condições de eles próprios administrá-los. O casal não podia alienar nada; até mesmo a venda de um utensílio era proibida.

XIV

OBRIGAÇÕES E DIREITOS DOS FILHOS

PODER PATERNO ABSOLUTO SOBRE A FAMÍLIA – Costuma-se dizer que o pai tinha poder absoluto sobre os filhos, mas é melhor afirmar somente o que se sabe com toda a certeza sobre a extensão de seu poder. O pai podia tratar o filho, ou mesmo a esposa, como um escravo, como um bem que podia ser penhorado por suas dívidas. Por isso é viável concluir que ele podia vender o filho. Não se tem um exemplo real desse fato nos tempos mais antigos, mas é algo muito comum em períodos posteriores.

O filho não podia fazer qualquer contrato independente com uma pessoa fora da família. Isso significa simplesmente que não podia fazê-lo enquanto ainda estivesse morando na casa paterna. O pai tinha direito sobre o que o filho ganhava com seu trabalho. Um homem podia também alugar o trabalho do filho e receber o salário pago a esse filho.

PREDILEÇÃO POR UM FILHO – O pai tinha o direito de preferir um filho, em detrimento dos outros. Podia dotá-lo de casa, campo e quintal ou pomar. Mas isso devia ser feito em vida e por escrito. Esse presente não afetava de maneira alguma o direito desse filho de ter parte igual a seus irmãos na divisão da herança, após a morte do pai; recebia, portanto, uma parte igual aos outros, além do presente que já detinha por ser o predileto do pai.

CONTROLE DO PAI SOBRE AS FILHAS – O pai tinha todo o poder de dispor de suas filhas quanto ao casamento. Esperava-se, porém, que ele lhes desse um dote. Mas o dote não era obrigatório, sendo, provavelmente, uma questão de negociação com os pais do noivo. Em épocas posteriores, a obrigação se tornou evidentemente irritante e opressiva, e uma lei foi baixada para amenizar essa tensão. Um pai era obrigado a fazer o possível para cumprir sua promessa de dar um dote à filha, mas não mais que isso. Um pai não podia impedir que sua filha optasse por se consagrar à divindade. Se ele aprovasse sua escolha, podia lhe dar um dote, como se fosse para o casamento, mas não era obrigado a fazê-lo. Um pai podia dar a filha como concubina.

O consentimento do pai também era necessário para o casamento do filho. Tinha de fornecer ao jovem um valor para pagar a noiva, garantindo-lhe, portanto, uma esposa.

A maioridade – Não é fácil determinar quando os filhos deixavam de estar sob o poder paterno. Filhas prometidas em casamento permaneciam na casa paterna; assim também ocorria, às vezes, com filhos casados. Não se pode dizer ainda, pelos textos disponíveis a respeito, se o nascimento de um filho desse jovem recém-casado, o libertava do poder paterno e o tornava novo chefe de família, conquistando a liberdade de se transferir para uma casa própria e só dele.

Punição por má conduta para com o pai – As leis sumérias são muito severas com relação a um filho que repudia o pai. Tal atitude o rebaixava à condição de escravo. Podia até ser marcado com um sinal distintivo. Obviamente era deserdado. O repúdio era ratificado com a expressão "Você não é meu pai", expressão que pode ser entendida como indicativa de qualquer conduta não condizente com os sentimentos filiais. O Código é mais explícito. Se um filho bater no pai, merece ter as mãos cortadas.

Deserdação – As leis sumérias preservavam os direitos do pai de deserdar o filho com um simples repúdio, dizendo: "Você não é meu filho". O filho tinha então de sair de casa e do recinto (da cidade). O Código limita esse poder. Insiste no processo legal e na fundamentação do motivo alegado. Também não era permitida deserdação em decorrência da primeira ofensa por parte do filho.

RELAÇÕES ENTRE MÃES E FILHOS – Como autoridade, a mãe estava na mesma posição do pai. Um filho que repudiava a mãe era marcado com um sinal e expulso de casa e da cidade. Não era, no entanto, vendido como escravo. As leis sumérias também reservavam à mãe o direito de repudiar o filho que, em consequência, devia deixar a casa e a propriedade. O Código não dá esse poder às mães. De fato, há exemplos de filhos discutindo com a mãe. As mães ocupavam o lugar do pai em relação aos filhos, com a morte dele, no que diz respeito ao dote, ao valor pago na época do noivado e a outros assuntos familiares. Mas elas geralmente agiam em comum acordo com os filhos mais velhos.

DEVERES PARA COM OS PAIS ADOTIVOS – O repúdio dos pais adotivos era uma falta extremamente grave, especialmente por parte daqueles que eram filhos adotivos de pais que não podiam ter filhos. O destino deles era algo pior do que a ilegitimidade. As penas impostas de lhes arrancar os olhos ou de lhes cortar a língua mostram a aversão que se sentia por sua ingratidão.

XV

INFÂNCIA E EDUCAÇÃO DOS FILHOS

NÚMERO E IMPORTÂNCIA DOS ESCRIBAS – O conhecimento da escrita por parte dos babilônios e dos assírios tem sido de grande valia para desvendar os mistérios que envolviam essas antigas sociedades. A capacidade de redigir documentos e escrever cartas parece, à primeira vista, ter sido amplamente difundida entre esses povos. Na época da primeira dinastia da Babilônia, parece que quase cada tabuleta tem um novo *tupshar* ou escriba. Muitas mostram o trabalho manual de mulheres escribas. Mas a maioria das pessoas envolvidas nesses documentos era da classe sacerdotal. Não há evidências de que os pastores ou trabalhadores soubessem escrever. Na época dos assírios, o escriba era um profissional.

Assim também nos últimos tempos da Babilônia. Só se pode dizer que as testemunhas de um documento assinam seus nomes, uma vez que apunham seu sigilo ou sinete. Isso é o que ocorre, no entanto, nos primeiros tempos. No período assírio, as únicas pessoas que apunham seu sigilo eram os donos da propriedade transferida a um novo proprietário. A tabuleta inteira mostra a mesma caligrafia. Qualquer pessoa que ler atentamente as cópias de textos cuneiformes pode facilmente constatar isso.

Escribas diferentes, especialmente nos primeiros tempos, escreviam de maneira diversa. Não há documento em que se possa distinguir uma escrita redigida por mãos diferentes, a não ser quando uma data ou nota era adicionada por outra pessoa. A única afirmação segura que se pode fazer é que, desde os primeiros tempos, existia um número muito grande de pessoas, de modo particular nas cidades maiores, que podia escrever e redigir documentos.

Palavras e expressões sumérias na literatura jurídica – O uso de termos e frases sumérias no corpo de um documento escrito em babilônico semítico pode ser atribuído a uma mera tradição. Mas não eram fórmulas sem sentido. As muitas variações, incluindo a substituição de palavras completamente diferentes, embora sinônimas, mostram que essas frases sumérias eram suficientemente compreendidas para serem usadas de maneira insistente. Em épocas posteriores, desaparecem completamente ou são usadas com pouca variação. Tornaram-se estereotipadas e eram sinais convencionais, sem dúvida, lidas como semíticas, embora escritas como sumérias. Isso nos faz lembrar as palavras latinas que conservamos em nossas línguas modernas. De qualquer forma, a primeira dinastia da Babilônia era bilíngue em seus documentos legais, embora as cartas fossem todas genuinamente semitas. Os documentos mais antigos mostram poucos sinais de origem semítica, embora sua influência possa ser detectada até onde se pode remontar.

Escolas – A descoberta, em Sippar, de uma escola que remonta aos tempos da primeira dinastia da Babilônia é descrita com precisão pelo Professor Scheil, primeiro especialista a traduzir o Código de Hamurabi.

Os métodos de ensino da escrita e as lições em sumério são bem descritos por esse autor e ilustrados por numerosos exemplos existentes de tabuletas para a prática. Os assuntos eram diversificados e incluíam aritmética, mensuração, história, geografia e literatura. (...)

Aprendizagem – Os escravos eram frequentemente obrigados a aprender um ofício ou artesanato. Um homem podia adotar uma criança para lhe ensinar seu ofício.

Imposição do nome aos filhos – Não se sabe ainda quando ou com que cerimônia se conferia um nome ao filho. Há casos em que uma criança de peito já tem nome e outra não. Acredita-se que no final de um ano, no máximo, a criança recebesse um nome.

CRIAÇÃO DOS FILHOS PEQUENOS – Parece que era costume bastante difundido contratar uma ama de leite. Sabe-se que um pai podia "entregar uma criança a uma ama de leite para ser amamentada, tendo de fornecer, a essa ama, comida e bebida, óleo para unção e roupa por três anos". Que isso não fosse feito somente com filhos adotivos está claro no Código, onde é prevista uma pena severa para uma ama de leite que substituisse a criança que lhe fora confiada por outra, sem o consentimento dos pais.

NÚMERO DE CRIANÇAS QUE SABIAM LER E ESCREVER – Dificilmente se pode deduzir, pelos textos que chegaram até nós, que se ensinava a leitura e a escrita a todas as crianças. Mas pode-se facilmente inferir que muitas, e de ambos os sexos, aprendiam a ler e a escrever, pelo expressivo número de homens e mulheres que podiam atuar como escribas.

XVI

ADOÇÃO

FREQUÊNCIA E RAZÕES PARA A ADOÇÃO – Adoção significa principalmente um processo pelo qual os pais podem admitir, com os privilégios de filhos, crianças nascidas de outros pais. Havia, na Babilônia, muitas razões que podiam levar casais a adotar crianças. Se não tivessem filhos, um desejo natural por um herdeiro já era motivo suficiente. Mas, segundo a lei babilônica, um homem podia tomar uma segunda esposa ou uma escrava, se a primeira esposa não lhe gerasse filhos. Uma causa mais prática é que os filhos eram uma fonte de lucro para os pais enquanto permaneciam com eles, pois parece que os homens se casavam muito cedo.

Isso, no entanto, não parece suficiente para explicar a grande frequência da adoção. Além disso, nesse caso, o que levou um pai a se separar do filho para dá-lo em adoção? Parece que, na maioria das vezes, a causa real era que os pais adotivos haviam perdido por casamento todos os próprios filhos e tinham ficado sem ninguém para cuidar deles. Então esses pais adotavam uma criança, cujos pais biológicos ficavam felizes em vê-la bem colocada no novo lar; esse filho adotivo deveria cuidar dos novos pais até a morte deles; em contrapartida, herdava a parte restante dos bens que tinha ficado com os pais, depois que estes já haviam distribuído a herança entre seus próprios filhos.

CRIANÇAS QUE PODIAM SER ADOTADAS – O Código admite todos os tipos de adoção, mas apresenta uma regulamentação a respeito. Um homem podia adotar um filho ilegítimo, ou o filho de uma consagrada à divindade, que não tinha direito a filhos, ou ainda o filho de pais vivos. Somente neste último caso, era necessário o consentimento dos pais.

Há casos de adoção de parentes, de pessoas sem parentesco algum, e mesmo de um escravo. Um homem podia também adotar uma criança, entregá-la a uma ama de leite, pelo espaço de três anos, findos os quais a retomava, a criava e lhe ensinava um ofício ou profissão, como a de escriba ou de artesão.

OS PROCEDIMENTOS DE ADOÇÃO – A adoção era efetivada mediante um documento, redigido e timbrado pelos pais adotivos, diante de testemunhas e sob juramento. Esses contratos estabeleciam em definitivo a relação, que era, sob todos os aspectos, a mesma que a de um filho biológico. Mas estabeleciam também as obrigações do filho, enquanto estipulavam a herança a que teria direito. Definiam e ressaltavam as responsabilidades de ambas as partes. O filho adotivo era obrigado a fazer o que qualquer filho naturalmente teria feito, ou seja, manter e sustentar os pais enquanto vivessem.

Os pais eram obrigados, não apenas a deixar a ele seus bens, mas a tratá-lo como um verdadeiro filho. Mas, em geral, tudo era questão de contrato e cuidadosamente estabelecido. Muito embora os pais adotivos tivessem criado e educado esse filho, se não houvesse contrato devidamente redigido, esse filho devia retornar à casa do pai biológico. Somente para um artesão era suficiente que tivesse ensinado ao filho adotivo seu ofício, para conservá-lo sem problemas.

Por aquilo que os exemplos colhidos nos textos demonstram, pode-se pensar que a adoção era sempre por pura conveniência de pessoas idosas, que queriam ter alguém que cuidasse delas. Mas sabemos que crianças eram adotadas por outros motivos. Pelo que foi dito há pouco, está claro que a adoção visava a crianças, nem sempre a meninos e meninas já crescidos. Pode-se considerar esse fato como adoção pura e simples. Os outros casos são um meio legal de conseguir alguém como arrimo na velhice ou em vista de outros fins, para os quais um herdeiro legal era desejável. No caso de não haver nenhum herdeiro legal, os bens ou a propriedade voltavam para os parentes mais próximos.

Adoção pura e simples – O Código deixa claro que esse processo ocorria na Babilônia. Mas há poucos exemplos conhecidos em que um pai introduz em sua família um filho adicional. O caso em que o filho não é somente adotado pelos pais que têm uma família, mas também é classificado como o filho mais velho, merece ser reproduzido na íntegra:

"Ubar-Shamash, filho de Sin-idinnam, de Sin-idinnam, seu pai, e Bititum, sua mãe, Beltum-abi e Taram-ulmash tomaram-no como filho e que ele seja filho de Beltum-abi e de Taram-ulmash. Ubar-Shamash será seu filho mais velho. No dia em que Beltum-abi, seu pai, e Taram-ulmash, sua mãe, disserem a Ubar-Shamash, seu filho: 'Você não é nosso filho', ele deixará casa e móveis. No dia em que Ubar-Shamash disser a Beltum-abi, seu pai, ou a Taram-ulmash, sua mãe: 'Você não é meu pai ou minha mãe', ele deverá ser marcado, acorrentado e vendido."

Ambos os pais do filho adotivo estavam vivos. O fato de o filho ser considerado o mais velho implica que os pais adotivos tinham outros filhos. Isso fica claro num caso em que se diz expressamente que os pais adotivos tinham cinco filhos. Em outro caso em que um filho é adotado, se diz expressamente que determinado rapaz é seu irmão.

Consentimento de outros membros da família envolvidos – Os membros da família tinham um interesse real no processo, pois a adição de outro filho, que deveria herdar com eles, só poderia afetar suas perspectivas. Então é o caso de se perguntar o que era que os influenciava a consentir. Parece que o consentimento deles decorria de um acordo, muito frequente na época, de não se opor. Uma explicação pode ser que eles já eram adultos, já tinham saído de casa e estavam preocupados com o bem-estar dos pais, de quem não conseguiam cuidar.

Por isso, pelo bem de seus pais, estavam dispostos a renunciar à sua parte, ou a submeter-se a um estranho, ou, em alguns casos, a renunciar a toda reivindicação de herança dos bens ainda em poder de seus pais, em troca de serem dispensados da responsabilidade de cuidar deles. Obviamente, quando o filho adotivo era recebido em casa apenas como mais um, mesmo como o mais velho entre vários, ele só teria uma parte da herança, após a morte dos pais. Mas parece até que os filhos podiam, por iniciativa própria, adotar um irmão para ser filho de seus pais.

DESERDAÇÃO DE UM FILHO – A cláusula que implica deserdação no caso de os pais repudiarem o filho, ou de ele os repudiar, só poderia ser aplicada por um tribunal. Mas em geral essa cláusula já estava inserida no contrato.

O filho podia ter se rebelado contra a mãe, que por essa razão pretendia deserdá-lo, e por essa mesma razão o levava ao tribunal. O juiz era obrigado a tentar conciliar as partes. Não raro o filho era obrigado a se comprometer a não repetir a ofensa, sob pena de ser deserdado, enquanto a mãe mantinha seu direito de deserdar. Não havia menção de que ele pudesse ser vendido como escravo ou ser marcado com um sinal visível, como era costume quando um filho era adotado e depois repudiava seus pais.

De acordo com os contratos firmados entre as partes, os pais podiam repudiar os filhos adotivos. Isso era contrário à lei pela qual o consentimento do juiz era necessário para a deserdação. Parece que era uma tentativa de contratar sem o apoio da lei. O filho deveria então tomar o que lhe cabia pelo contrato e ir embora.

FORMA DE ADOÇÃO – A palavra *aplutu*, filiação, usada também para designar a relação de uma filha com um dos pais, passou a denotar a "parte" da herança que um filho ou filha recebia. Se um homem adotava um filho, ele lhe concedia a *aplutu*, filiação, e, em decorrência, um bem material.

Mas o pai, enquanto ainda vivo, podia conceder ao filho a *aplutu* e estipular a obrigação que o filho tinha de mantê-lo pelo resto de sua vida. (...) A filiação assim conferida era, em muitos casos, uma alienação de bens, sobre os quais alguns parentes tinham direito. Mesmo que o consentimento deles não fosse necessário, era desejável que eles não envolvessem o herdeiro em processos legais. Por isso esses parentes eram chamados para concordar com o fato e não levantar objeções.

DEVERES DO FILHO ADOTIVO – É enfatizada a obrigação do filho de sustentar o pai que o adotou. A forma de fazê-lo, o tipo de mercadorias que deveria pôr à disposição do pai, a quantidade delas variam muito. Geralmente se fala de um siclo de prata, de uma quantidade de lã, de óleo, de banha e de cereais.

A obrigação podia se resumir em serviço; como no caso em que uma dama adota uma criada para servi-la por toda a vida e herdar uma casa. Em outro caso, uma dama adota um filho para criar a filha e encontrar-lhe um marido. "Se ele ofender sua mãe adotiva, ela o despedirá. Ele não terá direito a nenhum dos bens pessoais de sua mãe adotiva, mas herdará seu campo e pomar." Evidentemente, a mãe queria que seus pertences pessoais fossem da filha e constituíssem seu dote de casamento.

A adoção de um filho por uma dama rica era uma boa solução para a criança e, geralmente, os verdadeiros pais não levantavam objeções. Há até o exemplo de um pai de uma menina adotada por uma dama, que deu de presente a essa dama, como forma de agradecimento pelo ato, dois escravos e duas escravas.

Punição por negligência desses deveres – Por vezes, o filho adotado não cumpria seus deveres. Esse era um bom motivo para deserdá-lo. Mas a deserdação não podia ser infligida sem a sanção dos juízes. Um texto relata que uma dama adotou uma filha que não cumpriu seu dever de lhe dar comida e bebida; os juízes convocaram as duas ao grande templo de Shamash, em Sippar. Ali, destituíram a filha da herança a que teria direito, tiraram-lhe e quebraram a tabuleta de adoção que recebera.

Outras vezes, no entanto, o pai que adotava se reservava o usufruto da propriedade em vida, designando o legítimo herdeiro em documento específico, que se configurava como verdadeiro testamento, uma vez que a posse da herança só passava a ter valor efetivo depois da morte do testador.

XVII

DIREITOS DE HERANÇA

DIVISÃO DE UMA HERANÇA – A divisão de bens e propriedades entre os filhos se dava invariavelmente depois da morte do pai. Há um grande número de contratos relacionados a esse costume. O contrato estabelece os detalhes da divisão e inclui uma declaração sob juramento por parte dos destinatários de não apresentar ulteriores reivindicações. Havia algumas reservas a serem feitas no caso de menores de idade, para os quais uma parte devia ser posta de lado, a fim de que eles pudessem, no futuro, presentear devidamente os pais de suas noivas por ocasião do casamento.

O Código trata extensivamente das leis de herança, que são postas mais em evidência nos artigos que falam do casamento. Os exemplos reais que ocorrem nos documentos do período servem para ilustrar os resultados práticos dessas leis. Esses documentos se ocupam geralmente da divisão dos bens entre irmãos. Às vezes, lançam alguma luz sobre a reserva feita em favor de outros membros da família. Assim, dois irmãos, conforme consta num dos textos da época, dividem os bens da "casa paterna" e os da irmã, sacerdotisa.

A irmã não detinha sua propriedade, mas os irmãos a administravam e ela gozava do usufruto em vida; após sua morte, a propriedade passava integralmente para os irmãos. O documento indica somente a parte que coube a um dos irmãos e a concordância do outro com a divisão. Em outro caso, em que quatro irmãos dividem a propriedade da "casa paterna", o texto não dá detalhes sobre o que coube a cada um, mas apenas a concordância de todos com a divisão feita. Em outro caso ainda, o texto relata que o irmão mais velho atribui a cada um dos dois irmãos mais novos uma parte e toma uma escrava com os dois filhos dela como sua parte.

E diz que faz isso por sua "própria vontade" e que lhes deu a parte deles por "pura generosidade". Os irmãos juram que não vão mais reivindicar a "concessão" do pai. A propriedade a que tinham direito legal já lhes fora atribuída ou, possivelmente, eles não tinham nenhuma reivindicação legal sobre ela. O irmão mais velho é um alto funcionário e talvez tivesse sucedido ao pai no cargo. A propriedade do pai poderia ser então a doação de seu cargo, uma concessão do rei e, como tal, inalienável, e à qual o filho mais velho teria acedido.

Os três escravos podem ter sido, portanto, toda a propriedade privada do pai, disponível para divisão. Mas o contexto parece sugerir que aquilo que os irmãos receberam foi uma concessão do irmão mais velho, à qual eles não tinham direito. Em vista do êxito em ter conseguido o posto do pai, ele pode ter feito essa concessão aos irmãos como um consolo.

Em outro caso, extraído de outro texto, uma mãe dá certa soma a seus três filhos. Ela havia deixado ainda dois filhos e duas filhas e os três primeiros concordam em não reivindicar nada mais do que ela e esses quatro filhos têm ou podem adquirir. Vale ressaltar que, conforme o texto, um dos três recebe dez siclos como *terhbcaronitalatu* da noiva com quem vai se casar. Evidentemente, ele não tinha idade para se casar ou, de qualquer forma, ainda não era casado. Nesse caso, o Código determinava que, na partição da propriedade do pai, deveria ser reservada uma quantia especial para esse presente necessário ao pai da noiva.

Em outro texto, dois irmãos dão à irmã uma parte da herança, consistindo num terço da área de uma casa, contígua à do irmão, uma criada, uma cama e uma cadeira, com a promessa de que, no dia em que se casasse e entrasse na casa do marido, receberia mais dois terços da área de terra e escravos.

A lista dos bens é frequentemente fornecida, especialmente quando os irmãos dão parte desses bens às irmãs. Às vezes, o relacionamento é menos próximo. Assim, um homem compartilha com dois filhos do irmão de seu pai, ou seja, com dois primos, dez *sar* (Um *sar* equivalia a 36m2) de terras não reivindicadas, ficando com três *sar* e meio como sua parte.

Às vezes, os bens incluíam o dote da mãe. Assim, um texto relata que três irmãos dividem os bens que lhes tocam e dois deles, como filhos dela, dividem o dote de casamento da mãe, como se pode ler a seguir:

"*Um* sar *de terras e celeiros construídos, próximos à casa de* Ubarria *e próximos da de* Bushum-Sin, *duas saídas para a rua, propriedade de* Urra-nasir, *que ele dividiu com* Sin-ikisham *e* Ibni-Shamash. *Da boca (?) ao ouro, a divisão está completa. Irmão não disputará com irmão. Eles juraram por Shamash, Malkat, Marduk e Sin-mubalit. Nove testemunhas – 13º. ano de Sin-mubalit.*"

A propriedade que tocou a Urra-nasir era uma casa que ocupava um *sar* de terra. O texto não quer dizer que os três homens, Urra-nasir, Sin-ikisham e Ibni-Shamash dividiram a casa entre si, mas que, na divisão, essa casa era a parte do primeiro citado. Não se sabe o que os dois outros, Sin-ikisham e Ibni-Shamash receberam como quinhão que lhes tocava. Mas os três concordaram em não questionar a divisão da propriedade, que provavelmente pertencia ao pai ou à mãe. Felizmente se sabe, neste caso, o que os outros receberam, conforme o texto que se segue:

"*Um* sar *de terreno construído, (e) celeiro, próximo à casa de* Ibni-Shamash *e próximo à rua, com saída para a rua, propriedade de* Sin-ikisham, *que ele dividiu com* Ibni-Shamash *e* Urra-nasir. *Da boca (?) ao ouro, a divisão está completa. Irmão não deve disputar com irmão. E juraram por Shamash, Malkat e Sin-mubalit. Nove testemunhas – 13º. ano de Sin-mubalit.*"

E de novo:

"*Um* sar *de terreno construído, (e) celeiro, próximo à casa de* Sin-ikisham *e próximo à casa de* Istar-Ummasha, *duas saídas para a rua, propriedade de* Ibni-Shamash, *que ele dividiu com* Sin-ikisham *e* Urra-nasir. *Da boca (?) ao ouro, a divisão está completa. Irmão não deve disputar com irmão. E juraram por Shamash, Malkat e Sin-mubalit. Nove testemunhas – 13º. ano de Sin-mubalit.*"

Pode-se ver, desse modo, que cada irmão, se eram irmãos, obteve exatamente a mesma parcela, um *sar* de terra em que havia uma casa construída. Dois deles, Sin-ikisham e Ibni-Shamash tinham as casas quase coladas, porta a porta. Ibni-Shamash tinha a rua do outro lado, na verdade, ocupava uma casa de esquina. O terceiro irmão, Urra-nasir tinha uma casa em outra parte da cidade.

(...) O significado da expressão "da boca (?) ao ouro" é obscuro. Não se tem certeza se *bi-e* significa realmente "boca". Mas há quem interprete essa expressão como: "desde a primeira discussão verbal sobre a divisão até a definição pelo pagamento, a partição da propriedade está completa." Isso parece bastante provável, mas ainda podemos arriscar uma explicação diferente. Se estiver correta, é interessante notar que, embora a prata pareça ter sido o dinheiro usual, essa frase parece revelar que o ouro era usado em pagamento. Um paralelo curioso é o fato de que, enquanto nos últimos tempos sempre se encontra a ordem "ouro e prata", nos textos sumérios a ordem é "prata e ouro". Não se deve levar isso muito ao pé da letra, mas realmente parece que nos tempos mais antigos a prata era mais valorizada ou, de qualquer forma, menos utilizada que o ouro.

Cumpre notar que os três textos são praticamente idênticos, salvo pequenas diferenças. De fato, o segundo texto omite o nome de Marduk no juramento. O número de testemunhas e a data são iguais para os três. Mas no primeiro texto e no terceiro, ao lado do nome de algumas testemunhas aparece o nome do pai delas.

A GRANDE DIFICULDADE DE INTERPRETAR DETALHES EM DOCUMENTOS TESTAMENTÁRIOS – No caso de documentos testamentários, geralmente se encontra uma lista de propriedades doadas. Essas listas dão origem a dificuldades insuperáveis para o tradutor. As dificuldades não se devem tanto às imperfeições do conhecimento dos métodos babilônicos de escrita, quanto à impossibilidade prática de encontrar termos exatos num idioma para os termos relacionados a móveis domésticos em outro. Mesmo no caso de idiomas modernos bem conhecidos como francês e alemão, há vezes em que vocábulos são praticamente intraduzíves e se costuma simplesmente transferi-los ou transplantá-los para outra língua em sua forma original.

Sabe-se, por exemplo, que os sinais *GISH-GU-ZA* eram usados para denotar o *kussu* babilônico. Quando um deus ou rei se senta num *kussu*, pode-se ficar satisfeito com a tradução "trono", mas quando se encontra uma dama deixando à sua filha seis *kussê*, percebe-se que "trono" não seria a tradução adequada. Mas se acaso se optar por chamá-los de cadeiras, bancos ou assentos, pode-se estar fazendo uma tradução inapropriada.

Um exame cuidadoso dos monumentos esculpidos e pintados pode dar uma ideia mais clara de que assentos foram usados. A menos que se encontre uma figura com um artigo citado nela, ainda resta uma ampla margem de conjeturas. A imagem de Senaquerib recebendo o tributo e a submissão de Lakish dá a representação contemporânea de um *kussu*, mas não se pode argumentar e garantir que todo *kussu* era do mesmo padrão.

Pode-se renunciar a tentar uma solução e apenas fornecer a palavra original, pode-se fazer uma tradução puramente arbitrária ou se pode repetir a palavra original com uma indicação aproximada a que poderia se referir. Em nenhum dos casos, a palavra é traduzida, pois isso é claramente impossível. Por essa razão, o leitor precisa se acautelar contra as traduções que não mostram nenhum sinal de hesitação perante termos tão antigos.

Essas traduções não são indicativas de maior conhecimento, mas de menos sinceridade. Além disso, para os estudiosos é necessário um lembrete de que mesmo os silabários e os textos bilíngues não fornecem informações exatas. Assim, ao lado de *GISH-GU-ZA*, se encontram vários outros ideogramas, e todos, em certos contextos, levam a pensar em *kussu*, que pareceria tradução suficientemente adequada, mas está longe de ser provável que todos esses ideogramas indiquem exatamente o mesmo artigo mobiliário. Enfim, essas são dificuldades inerentes à tradução de textos milenares redigidos num idioma extinto e que ficaram sepultados sob os escombros de uma civilização que ruiu há mais de vinte séculos.

DESERDAÇÃO NAS LEIS SUMÉRIAS – De acordo com as leis sumérias, a deserdação parece ter sido simplesmente o resultado do repúdio de um filho por um dos pais que tivesse dito a ele: "Você não é meu filho". Caso um filho repudiasse um dos pais, a pena aplicada era a redução desse filho à condição de escravo. Com relação a filhos adotivos, não há dúvida de que situações semelhantes poderiam ocorrer, mas não se tem notícia da existência de textos legais que tratem do assunto.

No Código de Hamurabi – O Código é muito mais claro. Caso o pai tivesse decidido deserdar o filho, o processo de deserdação devia ser feito de forma legal. O pai tinha de se apresentar a um juiz e dizer: "Eu renuncio a meu filho." O juiz então investigava os motivos dessa decisão. Uma falta grave devia ser alegada. Não se sabe em que consistia essa falta. Mas como prováveis, pode-se mencionar rebeldia, indolência e falha em prover pelo sustento dos pais.

Um pai que adotasse um filho tinha direito, pelo próprio contrato de adoção, a ser sustentado pelo filho adotivo. Se este viesse a ofender o pai uma primeira vez, o juiz era obrigado a tentar uma reconciliação. Se a ofensa se repetisse, a deserdação ocorria legalmente. Era feita por meio de um documento devidamente redigido. As leis sumérias mostram que uma mãe tinha o mesmo poder do pai. Se era exercido apenas quando não havia pai ou se uma esposa poderia agir dessa maneira independentemente do marido em deserdar os filhos, não se sabe. Mas, possivelmente, ela tinha poder nesse aspecto somente com relação a seus próprios bens.

Há quem pense que a deserdação podia, às vezes, ocorrer de forma legal e com o consentimento do próprio filho, a fim de que ele pudesse ser admitido por adoção em outra família.

No caso de filhos adotivos, um pai, que criou um e depois teve seus próprios filhos, não podia deserdar completamente o filho adotivo. Era obrigado a lhe dar por herança um terço da parte que caberia a um filho biológico. Mas não podia repassar a ele bens imobiliários.

XVIII

ESCRAVIDÃO

O ESCRAVO COMO OBJETO – No pensamento moderno, a escravidão diz respeito a direitos pessoais. Mas não era considerada desse modo pelos babilônios, pois o escravo era um criado doméstico inferior. Que era um objeto, está claro pelo fato de poder ser vendido, penhorado ou dado como garantia. Era propriedade e, como tal, equivalia a dinheiro. Podia ser utilizado para quitar uma dívida, de acordo com seu valor. Por isso a questão da escravidão pode estar ligada à composição e à organização da família, mas faz parte também da seção que trata da propriedade, uma vez que o escravo era um pedaço ou um elemento da propriedade.

DIREITOS DE UM ESCRAVO – O escravo gozava, porém, de grande liberdade e não estava em pior situação do que um filho ou mesmo de uma esposa. Ele podia adquirir bens, casar-se com uma mulher livre, envolver-se em comércio e atuar como personagem principal em contrato com um homem livre. Mas por ser escravo, seus bens, ao morrer, passavam para as mãos de seu dono. Era obrigado a prestar serviço sem remuneração, embora tivesse direito à comida e bebida. Não podia deixar o serviço de seu dono por vontade própria, mas podia adquirir bens suficientes para comprar sua liberdade. Estava preso a um local, não tinha permissão de sair da cidade, mas podia ser enviado a qualquer lugar sob mando.

COMPLEXIDADE DAS EVIDÊNCIAS SOBRE A ESCRAVIDÃO – A condição de escravo era, no entanto, um complexo de aparentes inconsistências. Detalhes precisos são impossíveis de obter ao analisar os documentos existentes, pois se resumem, na maioria das vezes, a uma ou duas palavras esparsas pelos textos. (...)

SUA EXISTÊNCIA DESDE OS PRIMÓRDIOS – A instituição da escravidão remonta aos tempos mais remotos. Não há como tentar datar seu surgimento.

Já na estela de Manistusu, se encontra uma escrava usada como parte do preço de um terreno e avaliada em 13 siclos, enquanto nove outros escravos, homens e mulheres, são contabilizados como um terço de uma mina cada. Esse valor persistiu como preço médio justo para um escravo na Babilônia até a época da conquista persa. Para as variações, ver mais adiante o item "Venda de escravos".

O Código mostra que o escravo não tinha liberdade de contratar, exceto por procuração, e era passível de pena induzir um escravo a boicotar os serviços que devia a seu dono ou a abrigar um escravo fugitivo. Fixa uma recompensa por sua captura, aplica uma pena para quem retiver um escravo capturado e favorecer nova fuga dele. Mostra ainda que estava sujeito a "recrutamento militar". Determina também a posição de uma escrava que tem filhos com seu dono ou de um escravo que se casa com uma mulher livre. Em todos os casos, os filhos nascem livres. Fixa os valores a pagar pelo dono do escravo por sua cura em caso de doença, trata de ferimentos causados a um escravo, danos que devem ser pagos a seu dono; determina que, se capturado e vendido no exterior, deve ser libertado; se repatriado, e for natural da Babilônia, deve retornar a seu antigo dono.

VENDA DE ESCRAVOS – O maior número de referências à condição do escravo ocorre em documentos relacionados à venda de escravos. Uma peculiaridade sempre marcava a venda de um escravo, que não era tão irrevogável como a venda de uma casa ou de um campo, pois um escravo podia não ser tudo o que parecia. Poderia estar doente ou sujeito a ataques, poderia ter um comportamento incongruente, especialmente uma tendência a fugir. Uma escrava poderia ser deficiente no que tange à sua principal atração. Por isso era geralmente estipulado que, se o comprador tivesse uma causa legítima de reclamação, ele podia devolver sua compra e recuperar o dinheiro. De fato, um defeito não revelado poderia invalidar a venda. Esses defeitos podiam ser físicos, inerentes, contingentes ou legais.

DOENÇAS CONSIDERADAS JUSTA CAUSA PARA A ANULAÇÃO DO CONTRATO DE COMPRA DE UM ESCRAVO – Parece ter havido uma doença temida chamada *bennu*. Há estudiosos que mostraram como ela é recorrente nos textos e que efeitos terríveis lhe são atribuídos. Mas não era a única doença grave da qual os homens sofriam na época. Está associada com várias outras igualmente danosas. Por essa razão, pode-se tomá-la, em documentos legais, como exemplo típico de doença grave, que influenciava tanto no valor de um escravo, que geralmente o comprador não o mantinha. É evidente que era algo que o comprador não podia detectar à primeira vista. Talvez fosse uma doença que levava algum tempo para se manifestar. É mencionada no Código e nas vendas de escravos da primeira dinastia da Babilônia. Também ocorre em atos de venda assírios, até o final do século VII a.C. O Código e os contratos da época concedem um mês dentro do qual se podia alegar que o escravo tinha a *bennu*. O comprador podia então devolvê-lo e recuperar o dinheiro pago por ele. Nos contratos assírios, eram concedidos 100 dias.

Nos contratos assírios, também são concedidos 100 dias para o caso da doença *sibtu* se manifestar. Essa doença é frequentemente associada à *bennu* nos textos mitológicos, como um mal igualmente temido. Afetava as mãos ou a boca. O termo poderia ser traduzido como "ataque, convulsão" e pensar em alguma forma de "paralisia".

DEFEITOS LEGAIS – As objeções que estão sob o título de defeitos legais são resumidas no Código como *bagru*, reclamação, queixa. Nos contratos e no Código, podia ser pleiteada a qualquer momento. Assim, nos tempos da Assíria, um *sartu* (vício), podia ser motivo de repúdio a qualquer momento. Esse podia se referir à falta de disposição do escravo. A venda também podia ser invalidada por uma queixa contra ele por maus serviços prestados, por estar vinculado a um credor como garantia, por uma reivindicação de liberdade. Mas ainda não se dispõe de elementos suficientes para estabelecer com precisão a natureza exata dessas reclamações. Sem dúvida, a eventual recuperação de outros códigos certamente haverá de elucidá-las.

Nos tempos posteriores da Babilônia, uma lei previa o retorno do escravo a qualquer momento, se fosse reivindicado por alguém.

Costumes assírios com relação a escravos – Nos tempos dos assírios, a venda de escravos era muito frequente e se tem muito mais informações sobre a condição deles. O escravo era com certeza socialmente inferior, mas provavelmente tinha mais liberdade do que qualquer outro que já tivesse sido designado com esse nome. Tem-se certeza de que ele possuía sua própria propriedade e podia contratar como qualquer homem livre. Um jovem escravo vivia na casa de seu dono até certa idade, quando o dono lhe dava uma esposa. Geralmente era uma escrava. As escravas permaneciam na casa como domésticas até a velhice, a menos que estivessem casadas com um escravo. Escravos casados moravam, em sua maioria, em suas próprias casas. Parece que muitos desses homens trabalhavam no campo, nas propriedades de seus donos, envolvidos em trabalhos agrícolas. Outros se dedicavam a negócios por conta própria. Mas de todos eles, o dono conseguia uma renda. Essa correspondia, por alto, a certa porcentagem média do valor monetário de um escravo; na Assíria, era geralmente calculada ou prevista em até 25% ao ano.

Direito de um escravo ao usufruto de seus bens – Teoricamente, um dono possuía também os bens de seu escravo. É difícil dizer em que esses consistiam. Mas o escravo raramente se separava deles. De qualquer forma, sua família era sagrada. Quando vendido, era vendido com sua família. Isso, é claro, não excluía a venda de um jovem no momento em que ele naturalmente haveria de deixar a casa do pai. As jovens eram compradas para serviços domésticos e depois de um tempo eram vendidas. Mas não havia essa separação dramática de filhos dos pais, que tanto choca as pessoas nos exemplos modernos. É provável que um escravo não pudesse se casar sem o consentimento de seu dono. Certamente não podia morar onde quisesse. Mas era livre para adquirir bens e até acumular certa riqueza justa; e esses bens eram realmente dele, com eles podia até comprar sua própria liberdade.

OS SERVOS – Na Assíria, havia um grande número de servos. Eles podiam ser vendidos com a terra. Mas estavam livres para trabalhar como quisessem. Geralmente cultivavam um pedaço de terra de seus patrões, mas muitas vezes possuíam terras e rebanhos próprios. Não podiam se mudar e provavelmente pagavam arrendamento, equivalente a um ou dois terços de sua produção. Mas em sua maioria trabalhavam como meeiros e podiam solicitar sementes, implementos e outros suprimentos necessários de seu patrão. Essa classe possuía, evidentemente, privilégios altamente estimados, pois suas fileiras eram recrutadas de todas as classes de artesãos das cidades, cozinheiros, cervejeiros, jardineiros, lavadores e até escribas. Alguns eram provavelmente homens livres, outros certamente tinham sido escravos.

VANTAGENS DA ESCRAVIDÃO – As três classes, escravos domésticos, escravos casados e servos, trocavam continuamente sua condição. Não poucos homens livres, seja por dívidas, por sentença judicial ou por escolha, eram adicionados a essas classes, pois esses homens, se eram dependentes, eram atendidos e providos de todas as coisas necessárias para viver. Se eram criados domésticos, recebiam roupa, alojamento e alimentação; se eram casados e viviam fora, recebiam uma casa e até mesmo terras para tocar a vida, dedicando-se a negócios.

DISPONIBILIDADE E SUJEIÇÃO PARA TRABALHOS EM FAVOR DO ESTADO – Era entre os escravos e, acima de tudo, entre os servos que eram recrutados os soldados e guerreiros que compunham as fileiras do exército e era também entre eles quer eram arregimentados os trabalhadores que executavam obras públicas. Os chefes de família e as mulheres, que eram mães, não estavam sujeitos a isso. Mas os jovens, tanto rapazes quanto moças, tinham de se submeter à prestação de variados serviços, durante certo período de tempo. Por isso era importante para o comprador de um escravo receber garantias de que essa exigência havia sido satisfeita.

OPORTUNIDADE DE ADQUIRIR HABILIDADES COMO ARTESÃO – Há muitos exemplos nos textos de escravos que eram artesãos qualificados. Haviam aprendido um ofício. Mais tarde, os exemplos de escravos que eram encaminhados para aprender uma arte e ofício se multiplicam. Mas nem todos os artesãos eram escravos. De fato, alguns dos artesãos, como ourives, carpinteiros e outros, eram pessoas ricas.

O ESCRAVO COMO OBJETO INDEPENDENTE – Como regra geral, embora o escravo seja citado pelo nome, o pai dele não é mencionado. Mas o pai de um servo sempre o é. A posse do servo parece ter sido hereditária. Mas há poucos exemplos nos textos para se ter certeza disso. O pai do escravo não era relacionado na venda e essa pode ser a única razão pela qual ele não é citado. Os pais, às vezes, vendiam seus filhos como escravos e, nesse caso, eram mencionados. Essas vendas não são tão antinaturais como parecem. Na época, vender um filho como escravo a uma família de grandes posses ou de ótima posição social era garantir ao filho um futuro tranquilo e até mesmo promissor.

VENDA DE ESCRAVOS – Mais tarde, nos tempos babilônicos, verifica-se, nos textos, grande número de exemplos de venda de escravos. No que diz respeito à fórmula de um contrato de venda, não há nada que o diferencie de uma venda do tipo comum, deixando claro que o escravo era tratado como um objeto. Ainda assim, nos contratos de venda havia uma série de requisitos, exigidos pelo comprador, requisitos que deviam ser preenchidos pelo escravo, como ser um sujeito submisso, disposto, trabalhador, além de gozar de boa saúde e apresentar outras características e qualidades fáceis de deduzir.

Mas o comprador tomava certas precauções, especialmente contra a possibilidade de fuga, que era sempre grande, pois o escravo tinha grande liberdade e as oportunidades de fugir eram muitas. A única segurança para o dono era que, para onde quer que o escravo fosse, provavelmente seria reconhecido como tal e qualquer um poderia recapturá-lo. O capturador, no entanto, tinha direito a uma recompensa e, portanto, o proprietário teria de pagar para tê-lo de volta, além de já ter perdido seus serviços por algum tempo. Por isso um escravo, que estivesse propenso a fugir, era provavelmente considerado problemático e muito custoso. Isso seria motivo suficiente para que o dono procurasse vendê-lo. Mas o comprador se protegia por uma garantia, exigida do vendedor. Caso o escravo viesse realmente a fugir e fosse trazido de volta, o capturador fornecia um recibo da quantia que lhe havia sido paga e o proprietário a recuperava do vendedor. O capturador podia reter o escravo até receber o pagamento pela captura. Em outros casos, o vendedor tinha que recuperar o escravo e entregá-lo ao comprador.

Outra precaução que o comprador tomava era contra a morte prematura do escravo e exigia certas garantias do vendedor a respeito. Primeiramente, não efetuava o pagamento antes da entrega do escravo. Em segundo lugar, negociava uma compensação para o caso de o escravo morrer repentinamente e dentro de pouco tempo depois da compra, pois o vendedor poderia estar ciente de que o escravo não gozava de boa saúde.

Além disso, o comprador exigia garantias de que não haveria qualquer reivindicação inesperada sobre o escravo que estava à venda. De fato, ele poderia estar penhorado a um terceiro por causa de dívidas ou poderia ter sido convocado para prestar serviços ao Estado. Sabe-se que o rei, ou o Estado, tinha direito aos serviços de certos escravos, embora não se saiba por quanto tempo, nem como uma pessoa pudesse dar garantias contra uma eventual convocação do rei ou do Estado. Tampouco se sabe se essa garantia consistia numa diminuição do valor de venda do escravo ou numa posterior indenização, caso esse escravo fosse realmente requisitado para prestar seus serviços ao Estado. (...)

MARCAÇÃO OU TATUAGEM DE ESCRAVOS – O Código se refere a uma senhora que apõe uma marca ou sinal numa criada insolente e a reduz à escravidão, assim como outros textos fazem referência a patrões que marcam escravos e a pais que agem da mesma forma para com filhos adotivos rebeldes antes de vendê-los como escravos. Essa marca ou esse sinal poderia indicar a utilização de correntes ou grilhões, segundo a interpretação de alguns estudiosos, mas parece mais razoável que se tratasse de simples sinal externo visível em alguma parte do corpo, como uma tatuagem ou um sinal feito por incisão ou corte na pele.

Nos primeiros tempos do reino babilônico, há frequentes menções de marcas ou sinais externos que distinguiam os escravos. O próprio Código fala em marcar um escravo. Mas é difícil entender em que consistia essa marca. O verbo que geralmente é traduzido por "marcar" parece que significa fazer marcas ou sinais por incisão ou corte na pele. Por isso a pena que uma vez era traduzida como "raspar o cabelo da testa" acredita-se que signifique "aplicar uma marca, um sinal na testa". Esta última parece refletir uma tradução mais coerente, visto que o Código fixa uma pena severa para quem decide colocar um sinal indelével num escravo, sem o consentimento de seu proprietário.

Os escravos carregavam também pequenas tijoletas de argila com o nome de seu dono gravado nelas. Várias dessas podem ser vistas no museu do Louvre. No *British Museum* de Londres, se conserva uma dessas tabuletas com a inscrição: "Da mulher Hukipa, que está nas mãos de Sin-eresh. Sebat, 11º. ano de Merodac-baladan, rei da Babilônia." Não se sabe se essas tabuletas eram carregadas como um colar ao pescoço ou se eram amarradas em torno da cintura ou a um dos braços. Mas podiam representar qualquer tipo de sinal externo, mas de forma alguma indelével.

Há exemplos, contudo, em sentido contrário, como o de um escravo "em cuja mão direita estava escrito o nome Ina-Esagil-lilbur"; e de outro "em cuja mão esquerda estava escrito o nome Meskitu". Esses eram os nomes dos proprietários, não dos próprios escravos, o que torna provável que a marca era sempre um sinal gravado, uma espécie de tatuagem que, obviamente, era indelével.

Significado dos nomes dos escravos – Com relação aos nomes dos escravos, pode-se considerá-los de real interesse, porquanto podem auxiliar a determinar a origem ou o local de proveniência deles. Alguns ostentam nomes típicos da Babilônia e, quando o nome dos pais deles também são babilônicos, pode-se concluir que esses escravos nasceram livres, mas foram vendidos como escravos pelo chefe da família ou, depois de adotados, foram repudiados e reduzidos à escravidão novamente, ou ainda, teriam sido vendidos para quitar dívidas. Há exemplos de todos esses casos. Num texto consta que os pais venderam o próprio filho; em outro, uma mãe, que havia adotado duas meninas, acabou por repudiá-las; e em outro, um irmão deu, como penhor ou garantia, um irmão mais novo.

Escravos estrangeiros – Quando o nome do escravo não é babilônico ou assírio, quase sempre esse escravo é estrangeiro. O nome se torna realmente valioso para os estudiosos dessa civilização quando pode ser atribuído com segurança a determinada nacionalidade ou etnia, pois comprovaria, em princípio e em tese, pelo menos, as campanhas de conquista dos reis da Babilônia. Mas nem sempre confirma campanhas bélicas, pois os mercadores podiam facilmente comprar escravos no exterior e vendê-los a babilônios. Por outro lado, muitos escravos estrangeiros, ao serem introduzidos na Babilônia, recebiam novos nomes, tipicamente babilônicos. Mas não é fácil distinguir um escravo nativo de um estrangeiro somente por meio do nome, visto que havia escravos, e mais ainda servos, que trocavam de nome de acordo com as famílias a que estavam ligados e acabavam por se tornar conhecidos por nomes que originalmente não eram os deles. Além disso, os próprios donos dos escravos costumavam impor novos nomes ao comprá-los, quando não os encurtavam propositadamente.

Vários métodos de fazer escravos – Os escravos não eram somente os prisioneiros de guerra; muitos deles eram comprados no exterior e não poucos eram cidadãos livres reduzidos a essa condição. Um filho rebelde podia ser rebaixado à condição de escravo, uma esposa impertinente ou má podia tornar-se escrava. Mas o Código não permitia que alguém vendesse a criada que lhe dera filhos. E se alguém vendesse a esposa ou o filho para pagar uma dívida, o comprador não poderia mantê-los além de certo tempo nessa condição. Mas em todos os períodos da civilização babilônica, verificou-se que pais vendiam seus filhos e parece que não havia cláusula exigindo sua futura libertação.

O DIREITO DE UM ESCRAVO DE TER E USAR SUA PROPRIEDADE – O escravo podia ter uma propriedade particular e administrá-la como bem entendesse, mas como era escravo e pertencia a um dono, tinha de pagar por ela uma espécie de taxa a seu dono. Era uma soma fixa anual chamada *mandattu*, a mesma palavra usada para indicar o tributo de um príncipe devido a seu soberano. No caso de uma escrava, eram doze siclos por ano. Além dessa taxa, o escravo pagava ainda uma porcentagem dos lucros obtidos na administração da propriedade. O escravo podia ter outro escravo a seu serviço, podia emprestar dinheiro e negociar com outro escravo, de fora ou da mesma casa.

Como podia emprestar dinheiro a outro escravo, era inteiramente livre para fazer negócios. Mas quando negociava com um escravo de outro dono ou com um homem livre, às vezes, encontrava dificuldades. Aparentemente, não podia impor seus próprios direitos a um homem livre. Em tais casos, seu dono assumia a responsabilidade e respondia por ele. Na realidade, o dono tinha de tomar conhecimento dos negócios e compromissos de seu escravo, mas não era obrigado a dar garantia de qualquer tipo. Sentindo-se apoiado por seu dono, o escravo se sentia à vontade em se envolver em atividades econômicas e comerciais; por isso emprestava dinheiro a homens livres, fazia parcerias e chegava até a contratar um escriba para controlar suas contas.

O VALOR DE UM ESCRAVO ERA PROPORCIONAL À SUA CAPACIDADE DE PRODUÇÃO – Ao transferir um escravo para outro proprietário, o vendedor não podia separá-lo da propriedade que esse escravo possuía, pois era dele de pleno direito. Um escravo que havia acumulado razoável riqueza ou que tinha consideráveis lucros no comércio produzia rendimentos mais elevados a seu dono, que o haveria de vender por um preço maior. O que era vendido então era o interesse do dono no trabalho de seu escravo ou o próprio valor do trabalho desse escravo.

Por isso os preços variavam muito. Nem sempre é possível descobrir o motivo pelo qual o preço era tão elevado, mas devia ser evidente, na época, para aqueles que barganhavam na compra. Um preço médio, na era babilônica posterior, parece ter sido de 20 siclos, sendo que parte desse valor correspondia aos custos de manutenção e sustento do escravo. Se esses custos atingissem oito siclos por ano, o valor do trabalho do escravo equivalia a 12 siclos. Isso era o que um escravo não qualificado valia para seu dono. Se um homem se casasse com uma escrava, deveria pagar ao dono da moça cerca de 12 siclos por ano pela perda dos serviços dela. Sem dúvida, o dono mantinha seu direito sobre ela, mas parece que havia um entendimento tácito de que não poderia vendê-la, separando-a assim do marido. Os filhos desse escravo também eram seus escravos. Não se sabe como se arranjavam as coisas se o homem fosse escravo de um dono e a esposa, de outro. Provavelmente, o patrão lhe cedia uma de suas próprias criadas por esposa ou lhe comprava uma nova escrava.

A HISTÓRIA DO ESCRAVO BARIKI-ILU – Ocasionalmente, por meio dos textos disponíveis, se pode rastrear e reconstruir a história de um escravo em particular, pelo menos por algum tempo de sua vida. É o caso de Bariki-ilu que foi penhorado por 28 siclos a certo Ahbcaroninuri, no 35º ano do reinado de Nabucodonosor. No ano seguinte, Bariki-ilu é encontrado como escravo de Piru e de sua esposa Gaga e também de um primo destes, Ziria. O que pagaram por ele não aparece no texto, mas eles o venderam a Nabu-zer-ukin por 23 siclos. Bariki-ilu deve ter fugido de seu novo dono, pois quatro anos depois, as mesmas três pessoas o penhoraram. Mas parece que não agradou como penhor, pois, a seguir, se constata que a filha de Gaga (provavelmente Piru tinha morrido), estando prestes a se casar com Iddin-aplu, esse escravo lhe foi cedido como parte de seu dote de casamento.

Ela o deu ao marido e ao filho. Bariki-ilu ficou por um tempo como posse do novo patrão, mas, com a morte de sua patroa, foi vendido para o grande banqueiro Itti-Marduk-balatu. Esses acontecimentos, estendendo-se desde o 35º ano do reinado de Nabucodonosor até o 7º ano do reinado de Nabonido, vieram à tona quando, mais tarde, Bariki-ilu tentou provar que era homem livre. Fingiu ser filho adotivo de Bel-rimani. Teve de confessar que havia fugido duas vezes de seu dono e havia passado muitos dias escondido. Então ficou com medo e decidiu fingir que era filho adotivo. Se isso fosse verdade e ele o comprovasse, seria libertado. Mas acabou confessando que era um pretexto e teve de voltar à sua condição de escravo. O caso foi decidido e se encerrou no 10º ano do reinado de Nabonido.

UM ESCRAVO FUGITIVO NEM SEMPRE ERA DEVOLVIDO – Parece claro que, quando um escravo fugia para seus antigos donos, nem sempre estes o devolviam ao homem que o comprara deles. Provavelmente prefeririam devolver o dinheiro recebido pela compra. O comprador, com toda a probabilidade, não iria aceitar de volta esse escravo fujão.

ESCRAVOS APRENDIZES – Uma característica que os contratos babilônicos mais tardios mostram pela primeira vez, mas que provavelmente sempre esteve em vigor, é o aprendizado oferecido aos escravos em questões de comércio. Exemplos disso são bastante numerosos. A pessoa a quem o escravo era entregue como aprendiz era geralmente escravo também. Esse escravo-professor era obrigado a ensinar a arte e o ofício por completo. O dono do escravo o entregava ao professor por um período fixo de alguns anos, de acordo com os diferentes tipos de comércio.

Ele devia fornecer uma provisão diária de comida e um suprimento regular de roupas. No final do período, o escravo podia permanecer com seu professor mediante o pagamento de um percentual ou de uma soma fixa ao proprietário. Havia diferentes penas que podiam ser infligidas ao professor que se mostrasse negligente ao ministrar o ensino. Os diferentes negócios contemplados nessa "escola" de aprendizado, com o respectivo período de duração eram: tecelagem, cinco anos; cozinha, um ano e um quarto; extração de pedras de cantaria, quatro anos; pisoamento, seis anos; além de outros.

Número de escravos – Não é possível calcular o número de escravos na Babilônia, por meio dos textos recuperados. Mas a impressão que se tem é que, nos primeiros tempos, eram poucos. Mesmo na época da primeira dinastia, as evidências não permitem afirmar que um homem livre tivesse mais de quatro ao mesmo tempo. Mas há casos excepcionais, como o de um pai que cede à filha doze escravos de uma só vez, sete homens e cinco mulheres. Nos tempos da Assíria, o número de escravos numa família comum raramente excede a um ou dois, mas ocasionalmente o número pode ser bem maior, como numa família de posses que chega a ter um total de 30, entre escravos e escravas.

Preço de um escravo – O valor de compra e venda de um escravo oscilava muito, embora se possa dizer que o preço médio era de 20 siclos; há, contudo, exemplos de preços bem menores, como de 13 siclos. Na época da segunda dinastia, os preços variavam de quatro siclos e meio por uma escrava doméstica ou de dez siclos por um homem, podendo atingir até 84 siclos. O Código estima o valor médio de um escravo em 20 siclos.

Nos tempos da Assíria, o preço de um único escravo variava de 20 a 130 siclos, mas o preço mais praticado era de 30 siclos. Uma escrava podia ser adquirida por apenas dois siclos e meio, mas podia chegar a custar até 90 siclos. Um preço comum era de 30 siclos. Também nos tempos posteriores da Babilônia, os preços variavam muito, mas o mais comum permanecia em 20 siclos.

XIX

FUNÇÕES E ORGANIZAÇÃO DO TEMPLO

GRANDE IMPORTÂNCIA DO TEMPLO – O templo exercia uma influência financeira opressiva nas cidades menores. Somente em certas grandes cidades encontrava rivais em alguns poucos conglomerados comerciais. Sua posição figurava como sendo o principal, se não o único, grande capitalista. Sua influência política também era imensa. Esta se alicerçava amplamente nos pilares da paz doméstica e da estabilidade na economia e no comércio.

VARIEDADE E ORIGEM DOS TRIBUTOS PAGOS AO TEMPLO – A importância do templo era parcialmente o resultado dos grandes tributos pagos a ele. Consistiam principalmente de um tributo fixo pago diariamente e de um pagamento mensal também fixo. Não se sabe ainda como esses tributos surgiram. Eram pagos com todos os tipos de produtos naturais, eram pagos também em espécie, eram estipulados pelo inspetor do templo nos campos. Sem dúvida, esses últimos tributos eram devidos ao templo porque eram colhidos nas terras arrendadas que pertenciam ao próprio templo. Tudo isso sem contar as doações espontâneas.

Essas geralmente consistiam em terras mantidas em perpetuidade por uma família e taxadas com um pagamento ao templo. A terra não podia ser legada ao templo, nem este podia vendê-la. Essas terras estavam geralmente isentas de todas as outras taxas do Estado. A doação era assim à custa do próprio Estado. Um número enorme de tabuletas dos últimos tempos da Babilônia, e que chegaram até nós, se referem ao pagamento dessas taxas. Consistiam principalmente de cereais e de gergelim ou de outras ofertas; e as tijoletas são recibos dessas doações e dessas taxas pagas. Nos tempos da Assíria, o tributo incluía também carne de gado e de aves. Em alguns casos, há longas listas dessas taxas diárias, acompanhadas por preciosos presentes. Os presentes eram perecíveis, mas eram entregues com uma nota que os especificava e transmitia os desejos ou propósitos do doador. Essas notas foram preservadas como lembranças da boa vontade do doador.

OS TEMPLOS, COMO PROPRIETÁRIOS DE TERRAS ARRENDADAS – Os templos, contudo, também possuíam terras que podiam arrendar. Possuíam também casas que podiam alugar. De fato, os templos podiam ter qualquer tipo de propriedade, mas aparentemente não podiam alienar nenhuma. As autoridades do templo administravam algumas terras e tinham seus próprios trabalhadores. Há menções dessas terras desde os primeiros tempos do período sumério. Há inclusive relatos quase intermináveis do templo, muitos dos quais relacionados aos campos do templo, fornecendo suas dimensões e situação, com os nomes dos arrendatários ou dos servos e os rendimentos ou colheitas que esperavam obter deles.

Depois, durante a primeira dinastia da Babilônia, aparecem terras, jardins, pomares e áreas dos deuses. Não aparecem mais as contas do templo, mas as transações comerciais particulares dos cidadãos, cujos vizinhos geralmente são os próprios deuses, como proprietários diretos das terras. Nos tempos assírios, a menção de terras do templo é muito comum. Nos tempos posteriores da Babilônia, há evidências abundantes do mesmo costume.

Não se sabe como o templo se tornou possuidor dessas terras, mas se sabe muito bem a respeito de grandes doações de terras por reis, ricos proprietários de terras e outros, embora não se saiba se originalmente o templo começou com terras próprias. Quando um rei fala em construir um templo para um deus, pode-se entender que, na realidade, o reconstruiu ou erigiu um novo no local. Antes dos reis, os fundadores da cidade fizeram o mesmo. Mas o primeiro fundador, ou a cidade, cedeu as terras para o primeiro templo?

Outras receitas dos templos – Os templos tinham ainda uma receita variável de fontes privadas. Havia muitos presentes, que eram dados de livre e espontânea vontade, muitas vezes como forma de agradecimento. Os relatos do templo fornecem extensa lista deles, desde os primórdios até os tempos mais recentes. Eram de todos os tipos, na maioria das vezes, alimentos ou dinheiro. Mas eram frequentemente acompanhados de algum registro permanente, uma tabuleta, um vaso, uma pedra ou recipiente de metal, com uma inscrição votiva gravada. Esses formam o único material para a história por longos espaços de tempo.

Participação do templo nos sacrifícios – Não resta dúvida de que os sacrifícios eram consumidos pelos ofertantes e pelos convidados a compartilhar do banquete. Mas o templo participava da partilha dos animais sacrificados. Tinha direito exclusivo em relação a certas partes dos animais. O templo de Shamash em Sippar, por exemplo, tinha sua parte fixa no sacrifício, levando "os lombos, a pele, a garupa, os tendões, metade das vísceras abdominais e metade das vísceras torácicas, duas pernas e um pote de caldo". O costume não era o mesmo em todos os templos. No templo de Ashur e de Belit, em Nínive, a lista das partes reservadas ao templo era bastante diferente.

Às vezes, essas partes dos sacrifícios, reservadas ao templo, eram vendidas e constituíam, obviamente, uma fonte de renda mais ou menos importante, dependendo da popularidade do culto e da população do distrito. Por outro lado, era algo perecível e que não podia ser armazenado. O certo é que, em alguns casos, essa fonte de renda era tão grande que o templo preferia vender toda a sua parte por dinheiro.

O templo como instituição comercial – O templo era também uma instituição comercial de alta eficiência. Acumulava em grande abundância em seus ambientes internos todo tipo de produtos in natura. Distribuía ou vendia todos esses produtos a preços convidativos. Para os pobres, como instituição de caridade, eram dados graciosamente e, em tempos de escassez ou de necessidade, o templo fazia adiantamentos a seus arrendatários que trabalhavam como meeiros, aos escravos que viviam fora de seus muros e aos comerciantes que os recebiam a preços módicos. Mas o retorno era garantido e em espécie, cobrindo o montante total do adiantamento ou com juros já de antemão calculados. Em alguns casos, adiantava também produtos não perecíveis, especialmente lã, tecido para vestuário e mesmo material já confeccionado. Alguns desses produtos, no entanto, deviam ser devolvidos ao templo, especialmente roupas, tapetes e tapeçarias, porquanto podiam ser necessários para os funcionários do templo e alguns para os próprios deuses. Mas muitos desses produtos eram destinados integralmente para o comércio. Há referências sobre os imensos tesouros armazenados nos templos desde os tempos mais antigos até os mais recentes da civilização babilônica.

O TEMPLO COMO VERDADEIRO BANCO – Os templos realizavam uma série de transações como se fossem bancos. Com isso se pretende dizer que eles guardavam grandes somas de dinheiro, proveniente de depositantes. Não se sabe se os templos cobravam alguma taxa pela custódia do dinheiro ou se remuneravam o depositante por meio de investimentos de grande parte de seu capital, reservando um saldo para atender necessidades prementes. Mas a proporção relativamente grande de empréstimos, em que se diz que o deus do templo é dono do dinheiro, aponta o investimento como fonte de renda considerável. Nesse ponto, deve-se fazer uma cuidadosa distinção entre os empréstimos sem juros, ou com juros cobrados apenas pelo atraso do pagamento no prazo estipulado, e aqueles em que os juros são cobrados de uma só vez. Estes últimos representam negócios bancários, enquanto os primeiros representavam provavelmente os valores que os donos de terras deviam repassar aos agricultores que cultivavam e mantinham suas propriedades. Além disso, os templos também compravam e vendiam com fins lucrativos.

A DIREÇÃO DO TEMPLO – Os funcionários mais importantes do templo costumavam aparecer na corte. O rei estava sempre acompanhado por um grupo mais ou menos numeroso de sacerdotes. Eles aparecem com frequência nas inscrições e nos monumentos. A corte do rei reproduzia a dos deuses lá do alto. Cada funcionário do alto escalão correspondia, individualmente e pela função, a cada um dos componentes da corte celestial.

A INFLUÊNCIA DOS SACERDOTES SOBRE O REI – O rei, por sua estreita ligação com a religião, nada podia fazer sem sanção religiosa. O apoio do partido sacerdotal era essencial. Nos tempos mais instáveis, os sacerdotes eram os principais responsáveis pela escolha e unção de um rei. Afastar os sacerdotes era sempre uma política muito perigosa. Além de sua imensa riqueza, eles tinham as sanções da religião de seu lado. Para toda a população, os sacerdotes tinham o privilégio de ter certa intimidade com os deuses e o que era certo estava sempre do lado deles. Um rei tinha a obrigação de ir ao templo de Babilônia no dia do ano novo para tocar as mãos de Bel-Merodac. Se não o fizesse, não ofendia somente os sacerdotes, mas cometia também um grave erro aos olhos de seu povo.

Muitas vezes, porém, os reis se mostravam inclinados a confiar em prestidigitadores, adivinhos, mágicos e afins. Seria um erro fatal confundi-los com os sacerdotes. Os melhores reis foram aqueles que enfrentaram a magia e apoiaram cultos locais ou nacionais. Sargon II, Esarcadon, Nabucodonosor II são exemplos de respeito pelo culto presidido pelos sacerdotes, enquanto Assurbanipal é um grande exemplo dos reis dominados pela magia. Hamurabi se esforçou, aparentemente, para reprimir a magia.

A eterna luta entre a "ciência" (assim dita, falsamente) da magia e da adivinhação, por um lado, e os princípios mais elevados do culto religioso, por outro, é a chave para muita coisa que é mal compreendida na política da época. Seria demais dizer que o partido sacerdotal estava sempre do lado da moralidade, ou que os sacerdotes não eram, muitas vezes, aliados dos adivinhos, mas é certo que o progresso ético que houve deve ser creditado à classe sacerdotal. Somente em textos religiosos se nota a aspiração a ideais mais elevados. Quem pode imaginar um mago preocupado com ética?

Funções dos sacerdotes – O sacerdote propriamente dito, *shangu*, era uma pessoa do mais alto escalão. Em geral, aparecia muito pouco. Sua principal função era atuar como mediador entre deus e o homem, especialmente no momento da oferenda de sacrifícios.

Além de sua função religiosa, o sacerdote tinha também deveres públicos, como inspecionar os canais e, com frequência, atuava como juiz. Havia um colégio de sacerdotes ligado a alguns templos, sob a direção de um sumo sacerdote. Outras funções que pudessem ser desempenhadas pelos sacerdotes são desconhecidas.

O supervisor – O supervisor do templo tinha sob seu comando os servos que prestavam serviço nesse local sagrado. Além disso, ele arrendava as terras do templo e supervisionava os escravos e os trabalhadores que atuavam no templo.

O administrador do templo – Era função do administrador contabilizar as receitas e controlar os estoques de bens e mercadorias dos armazéns do templo.

Certos funcionários, como medidores, escribas e outros podiam pertencer à classe sacerdotal, mas não necessariamente.

Outras pessoas ligadas ao templo – O templo mantinha seus obreiros e artesãos que, além de um salário, recebiam também alojamento e alimentação. Tinha também seus servos ou agricultores, que não eram escravos e que cultivavam as propriedades do templo, como assalariados ou como meeiros. Havia também escravos que exerciam suas atividades sem perceber salário algum, mas tinham direito a alojamento, vestimenta e alimentação.

Entre os muitos trabalhadores do templo, havia porteiros, faxineiros, carregadores, mas pelos textos recuperados se sabe que havia também padeiros, tecelões e outros que executavam suas atividades internamente, além dos encarregados pelos trabalhos externos, como pastores, cultivadores, irrigadores, jardineiros, pedreiros e outros. O templo tinha até seu próprio médico.

Semelhança do templo com o sistema monástico – Ao considerar esses aspectos e essas características de um templo da época do reino da Babilônia, é possível estabelecer uma comparação com as instituições monásticas da Idade Média. Nestas, em geral, não era fácil distinguir se os monges eram "irmãos leigos" ou se eram "clérigos" ou ainda, "irmãos leigos ou clérigos e copistas"; todos eles eram celibatários. Mas nos templos babilônicos, não havia nem sinal de celibato. Até os sacerdotes eram casados.

As sacerdotisas ou as consagradas à divindade também estavam ligadas ao templo. Em alguns casos, os cargos de maior destaque podiam ser ocupados por mulheres, como o de supervisor geral. Havia muitas mulheres com diversas funções nos templos. Todos os membros da direção eram mantidos pelo templo, que devia providenciar alojamento, alimentação e roupas para todos eles. Mas pessoas privadas podiam se comprometer a manter um funcionário do templo; talvez fossem obrigadas a fazê-lo, por exigência de algum acordo celebrado.

Aspectos diversos – Em algumas famílias, o direito de servir em certos cargos era hereditário. Como essas cresciam em número de membros, o cargo era, muitas vezes, desempenhado por turno, escalonado entre os vários membros, e por um curto período de tempo, de modo que podia ocorrer que um sacerdote exercesse suas funções apenas por um espaço muito reduzido do ano.

Havia direitos de participação, por parte de alguns, nas receitas do templo, que eram consideráveis, segundo demonstram as longas listas de controle das contas do templo. Estas, aliás, formam a maior parte dos documentos mais antigos que chegaram até nós. Deles se infere que certos funcionários recebiam, todos os dias, certos subsídios, principalmente comida e bebida. Em documentos posteriores, até homens não ligados, aparentemente, ao templo haviam conquistado o direito de aceder às verbas especiais do templo, originalmente destinadas apenas para os funcionários do próprio templo. E esse direito, além de ser valioso, era negociável, como o comprovam várias tabuletas que tratam do assunto. (...) E para completar, se não fosse negociado, podia ser legado aos filhos, como parte da herança.

Não se sabe se o templo tinha obrigações para com o Estado. Talvez tivesse o encargo de cobrar determinadas taxas devidas para o Estado. Com certeza, tinha sob sua guarda e controle os armazéns do rei. No Código de Hamurabi, está previsto que o templo tinha por obrigação resgatar um habitante da cidade feito prisioneiro, sempre que ele próprio ou sua família não tivesse condições de fazê-lo.

Em certas circunstâncias, funcionários do rei podiam tomar dinheiro emprestado dos templos. Alguns reis lançaram mão dos tesouros do templo para uso próprio. Sem dúvida, isso era feito com a intenção de restituir o valor tomado. Mas nem sempre isso ocorria e então, segundo consta em tabuletas, essa prática era condenada como grave erro. Quando Shamash-shum-ukin pagou considerável suborno ao rei de Elam, Ummanigash, ele dilapidou os tesouros dos templos de Merodac em Babilônia, de Nabu em Borsipa e de Nergal em Kutha, e essa atitude foi considerada como uma de suas péssimas ações, que o levaram à queda. Mas se tivesse tido êxito com esse ato e tivesse restituído os bens dos templos, certamente teria sido perdoado e sua memória conservada para sempre com louvor.

XX

LEIS DO COMÉRCIO

A forma mais antiga de negócios na vida asiática é a *commenda* (entrega de dinheiro em confiança): o capitalista entrega uma quantia fixa em dinheiro ao agente que, por sua vez, realiza ou faz negócios com esse capital, visando obviamente ao lucro. O capitalista, no momento da prestação de contas, recebe parte do lucro, geralmente a metade, além de reaver o capital investido. O agente se comprometia, mediante garantias ou não, a preservar o capital recebido em confiança. Esse método de realizar negócios era habitual desde os tempos mais remotos. O Código de Hamurabi regula as relações entre o capitalista e o agente. O primeiro é chamado *tamkaru*, geralmente traduzido como mercador, enquanto o segundo é designado com o termo *shamallu*, quase sempre traduzido como "aprendiz, agente". O mercador, no entanto, é uma espécie de comerciante que age de várias maneiras e, no Código, é citado com frequência em situações em que caberia melhor o termo emprestador ou credor para defini-lo. Não há dúvida, portanto, de que deveria ser um homem de muitas posses e que estava sempre disposto a emprestar dinheiro para aumentar seus ativos.

O mercador fornecia também mercadorias de variados tipos, entre as quais são mencionados cereais, gergelim, óleo, lã, vinho e artigos manufaturados. O agente fazia a negociação e, regularmente, prestava contas ao mercador. Viajava então para outros lugares em busca de mercado para seus produtos ou para fazer compras de outras mercadorias que podiam ser vendidas com lucro quando voltasse para sua cidade de origem. O mercador não lhe pagava salário, mas recebia novamente seu capital ou o valor correspondente às mercadorias entregues, acrescido de juros ou parte do lucro. O mercador também viajava de um lugar para outro e há numerosas evidências de que muitos desses mercadores eram estrangeiros. Quase sempre, diversos agentes com suas mercadorias se reuniam em grupo e formavam uma caravana que partia para uma viagem de negócios.

MEMORANDOS ERAM ESSENCIAIS PARA A LISURA DOS NEGÓCIOS – Esse tipo de negociação era regulamentado pelo Código. Infelizmente, as seções iniciais da parte que trata das relações entre o mercador e o agente foram perdidas; mas, pelo que resta, pode-se constatar que o Código insistia para que as contas fossem feitas com exatidão e seriedade de ambos os lados, tanto das quantias de dinheiro envolvido quanto do tipo e valor das mercadorias em questão. Se o mercador confiasse dinheiro a seu agente, deveria exigir um recibo. Se o agente recebesse mercadorias, deveria calcular seu valor em dinheiro e receber do mercador o aval quanto ao valor final de sua dívida. Se viesse a sofrer perda de mercadorias por ter sido vítima de assalto em viagem ou em terras de inimigos, o agente, ao voltar, poderia declarar sob juramento a causa da perda e ficaria isento da obrigação de reembolsar o mercador que lhe confiara dinheiro ou mercadorias.

Mas se não tivera êxito em sua viagem de negócios ou se havia vendido com prejuízo, tinha que compensar ao mercador pelo menos o capital disponibilizado. O Código não deixa nada ao acaso. Se o agente for suficientemente tolo para não exigir um memorando timbrado dos valores recebidos ou um recibo que declara o valor que deve restituir ao mercador, o Código decreta que o dinheiro não declarado em recibo timbrado não pode ser incluído nas contas. Mas em geral havia uma relação de confiança; o mercador se fiava na boa-fé do agente e se sentia plenamente seguro de que haveria de receber de volta seu dinheiro investido, além de esperar por um bom lucro. Contra essa esperança, tinha de aceitar o risco de uma eventual e possível perda por assalto à caravana. Mas ele não era obrigado a se servir sempre do mesmo agente, especialmente se houvesse quebra de confiança ou indícios de possíveis fraudes ou desvio de mercadorias. Um agente detectado fraudando seu mercador era obrigado a pagar três vezes o valor devido. Mas o Código, que prima pela proteção dos mais fracos, exigia que o mercador, se fosse apanhado fraudando o agente, pagasse a este até seis vezes o valor do que pretendia receber.

CARAVANAS DE COMERCIANTES – Pelos documentos da época, sabe-se que o termo que designava esse tipo de comércio era *girru* que, em sua origem, significava "expedição", tanto guerreira quanto pacífica. Aos poucos, passou a referir-se também a "jornada, percurso", apontando para sua conexão com o comércio em caravanas.

Pelas insinuações que transparecem continuamente nas tabuletas, chega-se a saber que esse comércio em caravanas sempre esteve ativo. Os mercadores estavam sempre dispostos a emprestar dinheiro "para comprar e vender" e os agentes partiam em caravanas para "vender, comprar e auferir bons lucros". Tabuletas de Tell el Amarna relatam as queixas dos reis da Babilônia sobre seguidos roubos de caravanas em distritos sob jurisdição e controle do Egito.

IMPORTÂNCIA DOS CANAIS PARA O COMÉRCIO – Há muito tempo se reconhece que os canais favoreciam a prosperidade do país, mas foi somente bem mais tarde que sua importância como hidrovia foi realmente entendida e aproveitada.

O Código estabelece uma série de leis de navegação e se estende longamente ao tratar de barcos e navios. Os templos possuíam esses meios de transporte de cargas, assim como pessoas privadas dispunham deles. Era crime, punível com a morte, roubar um navio. O Código trata também de preços pela construção de embarcações e de taxas a serem cobradas pela licença de navegação. Além disso, estabelece responsabilidades por danos causados em decorrência de colisões e naufrágios. Mercadorias de todos os tipos eram transportadas pelos rios e canais, como cereais, lã, óleo, tâmaras e muitas outras. As referências a embarcações de todos os tipos e calados são muito frequentes nos textos da época, comprovando que esse meio de transporte era utilizado em larga escala.

As embarcações eram classificadas de acordo com a capacidade de carga e eram denominadas segundo essa capacidade, mensurada em *gur* (medida que equivalia a aproximadamente 300 litros); os textos do período babilônico falam de barcos de cinco *gur*, de sete *gur* e até de uma nave de 75 *gur*. O aluguel de barcos de transporte era prática muito comum e a negociação quanto ao valor era deixada a critério único e exclusivo dos interessados. Uma tabuleta, por exemplo, fala de um cidadão que alugou uma embarcação por um siclo e um quarto de mina de prata para transportar três bois e 24 ovelhas do filho do rei para Shamash e para os deuses de Sippar.

Na época de dominação da Assíria, os canais serviam principalmente para o abastecimento de água. Pouco se fala de barcos ou navios de qualquer tipo, a não ser quando os reis assírios se deslocavam para Babilônia ou para a baixa Mesopotâmia. Os navios de Senaquerib, por exemplo, eram construídos longe da capital Nínive e há indícios de que chegassem até as muralhas dessa capital.

TRANSPORTE TERRESTRE – Há poucas referências sobre a condição das estradas, mas acredita-se que estivessem em boas condições pelas seguidas informações sobre o serviço postal regular e sobre o transporte de mercadorias em carroças. Há notícias de que comboios viajavam de Agade a Lagash desde a época de Sargon I. Foram encontrados inumeráveis pedaços de argila em que se podia ler o nome e o endereço do destinatário desses carregamentos.

O Código fala de remessas enviadas a grandes distâncias, até mesmo ao exterior. Regula as tarifas a cobrar pela contratação de uma carroça com bois e condutor ou somente da carroça. Parece, no entanto, que o animal de tração mais usual fosse o burro ou a mula.

No período de dominação da Assíria, era dever primordial de um administrador de uma cidade abrir estradas que conduzissem a ela. O território era cortado por estradas em todas as direções, para facilitar o escoamento da produção e o comércio em geral. Se na Babilônia os canais tinham fundamental importância no transporte, na Assíria eram as estradas que desempenhavam esse papel. Em ambas, porém, o transporte terrestre era amplamente utilizado, embora fosse mais intenso na Assíria, região montanhosa e menos propícia à abertura de canais navegáveis. Mas toda a planície nos arredores de Nínive era cortada por estradas, que aqui tomavam o lugar dos canais da Babilônia.

XXI

OUTROS ASPECTOS TRATADOS NA OBRA DE CLAUDE HERMANN WALTER JOHNS

Como foi assinalado no início (capítulo I) há vários outros aspectos da sociedade babilônica, analisados na obra de Claude Hermann Walter Johns. Aqueles já descritos e traduzidos quase integralmente são os de maior destaque e que podem interessar mais de perto o leitor de nossos dias. Dos demais, parece suficiente oferecer um resumo em poucas linhas, mesmo porque as informações obtidas das tabuletas recuperadas nas escavações são fragmentárias (assim o eram, pelo menos, na época em que o autor redigiu essa obra) e, como ele próprio diz com frequência em seu livro, esperava que novas descobertas viessem a preencher muitas lacunas e a elucidar melhor muitos desses aspectos ainda pouco conhecidos ou um tanto obscuros.

Um dos capítulos é dedicado a decisões legais ou julgamentos proferidos por juízes em questões envolvendo reivindicações de variados tipos, geralmente apresentados sob forma de ação levada aos tribunais. As ações mais recorrentes se originavam de disputas por terras ou casas, por direito de herança, por divisão de lucros em atividade comercial conduzida em parceria, mas havia outras mais raras e ocasionais, como queixa ou ação movida por roubo ou apropriação indébita de animal, de escravo ou de qualquer outro bem.

O capítulo XVIII do livro de Johns trata da posse de terras ou da propriedade rural. Havia distinções que o Código deixa transparecer, pois enquanto algumas pessoas podiam herdar variados bens dos pais, não podiam, contudo, herdar terra, pomar ou casa. Essa distinção é importante, porquanto a palavra "casa" tinha um significado bem mais amplo do que uma simples construção de tijolos. Na realidade, indicava uma propriedade ancestral, sobre a qual a família tinha direitos, mas não ilimitados. Se na família não houvesse herdeiros, a "casa" retornava ao proprietário anterior que, obrigatoriamente, devia pertencer ao clã que reconduzia aos ancestrais comuns. Na questão da propriedade, há, portanto, um direito privado de posse, um direito de herança por transmissão, mas que pode se enquadrar numa herança inalienável, ou seja, que deve permanecer como um bem pertencente ao clã e é intransferível.

No capítulo XIX, o autor trata do exército e de outras convocações para prestar serviços públicos ou comunitários. Na Babilônia sempre havia um exército de prontidão ou recrutamento territorial de tropas. Cada distrito tinha de fornecer sua quota de homens para eventual guerra ou campanha de conquista. Mas havia também recrutamento para obras públicas. Todos os que eram convocados para uma finalidade ou outra eram chamados de "homens do rei", não importando, pois, se eram enviados para o campo de batalha ou para a construção, reparo e melhoria de obras públicas (pontes, estradas, canais), quando não eram convocados para trabalhos nos campos, em vista de aumentar a produção de grãos, de modo particular nas terras pertencentes aos templos. Os chefes de família eram geralmente excluídos dessas convocações ou recrutamentos. Essas convocações atingiam especialmente as classes inferiores do tecido social, como servos, escravos e homens que não pertenciam à alta nobreza. Tem-se notícia de que até mesmo moças eram convocadas para trabalhos de cardadura da lã ou de tecelagem nas casas ou teares que produziam tecidos.

O capítulo XXI discorre sobre doações e legação em herança, especialmente no tocante a bens e propriedades; a alienação podia ser completa ou parcial. No primeiro caso, podia ocorrer por doação, venda, troca, testamento. A alienação parcial ocorria em casos de empréstimo, arrendamento, penhora. A alienação total da propriedade seguia princípios rígidos, quando se tratava de alienação de terras, pois não podia ferir os direitos inalienáveis do clã. A alienação de bens móveis não estava sujeita a esse rigor legal e as transações eram totalmente livres, configurando-se como simples atos de livre comércio.

O capítulo XXII versa sobre vendas envolvendo terras, casa, escravo. O mais complicado era vender terras e casa, uma vez que o vendedor e também o comprador deviam respeitar os direitos do clã ou da tribo sobre esses bens imóveis. Longas explicações são dadas, mas nem todas completas, por falta de documentação mais incisiva sobre o assunto. De qualquer forma, o autor apresenta os passos formais da negociação, como o acordo verbal sobre o bem em questão, seu preço, a contratação de um escriba, o chamamento de testemunhas (geralmente em grande número, quando se trata de venda de bens imóveis), a consulta a vizinhos, a redação da ata de compra e venda (escrituração) e são citados todos os membros da família (filhos, netos, irmãos, sobrinhos, filhas, irmãs, etc.) que podem exercer seu direito preferencial de reaver o bem, especialmente quando se trata de venda de escravos.

No capítulo XXIII, o autor trata de empréstimos e depósitos em confiança. Era usual emprestar de tudo, desde dinheiro (prata, que era a moeda usual entre os babilônios) até cereais, tâmaras, lã, peles, tijolos e objetos variados. O que era emprestado podia ser devolvido simplesmente com a mesma quantidade ou quantia emprestada sem referência a juros cobrados. Pensa-se que o empréstimo de produtos era considerado simples adiantamento a ser pago com o mesmo produto na época da colheita seguinte. Havia empréstimo de dinheiro que podia ser pago com produtos, estabelecendo de antemão a quantidade necessária para cobrir o valor emprestado. Quando o empréstimo era em dinheiro, fixava-se uma data para o pagamento e geralmente havia um acréscimo se fosse pago com atraso. Não se tem notícia de empréstimo simplesmente para auferir lucro mediante cobrança de juros. Somente o mercador emprestava para lucrar, mas era outro tipo de negócio, em que um agente recebia dinheiro como capital para adquirir mercadorias e partir em viagem para comercializá-las; na volta do agente, o mercador recebia o dinheiro emprestado como capital, além de uma parte dos lucros obtidos com a comercialização dos produtos. A maioria dos empréstimos era feita para cobrir despesas na época do plantio e a ser devolvido em espécie ou em cereais depois da colheita. Sabe-se que muitos pediam empréstimos ao tesouro do templo. O templo ou os sacerdotes que o dirigiam eram grandes emprestadores de dinheiro. Sabe-se que os templos eram donos de consideráveis extensões de terras e tinham, portanto, vultosas entradas de produtos, além de possuir um tesouro expressivo. Mas não há notícias de que emprestassem dinheiro a juros. Exemplos de depósitos em confiança são raríssimos, mas são citados no Código.

O capítulo XXIV trata de penhoras e de garantias. Parece que desde sempre houve penhoras e garantias exigidas entre sumérios e babilônios, como se pode constatar num exemplo extraído de uma tabuleta: *"Se ele me devolver o dinheiro, poderá entrar novamente em sua casa; se ele me devolver o dinheiro, poderá cultivar de novo seu pomar; se ele me devolver o dinheiro, ele poderá retomar seu campo; se ele me devolver o dinheiro, poderá reaver seu criado; se ele me devolver o dinheiro, poderá receber de volta seu escravo."* Esse exemplo deixa claro que qualquer bem do devedor podia ser penhorado ou exigido como garantia, desde utensílios, bens imóveis, animais e até mesmo pessoas.

No capítulo XXV, o autor fala de salários de trabalhadores contratados. Apesar da existência de escravos, havia considerável demanda por trabalhadores eventuais. Isso fica claro pelo enorme número de contratos encontrados, relacionados à procura e contratação de trabalhadores ocasionais por determinado período. De modo geral, o homem era contratado para a época da colheita e liberado logo em seguida. Mas há muitos exemplos em que o período de trabalho era estipulado por tempo bem específico, como um mês, meio ano ou por um ano inteiro. Escravos e menores de idade também podiam ser contratados, mas nesses casos o pagamento era feito ao dono do escravo ou aos pais do menor de idade. Os salários variavam de acordo com o tipo de trabalho e o pagamento podia ser feito parceladamente ou somente no final da tarefa. Às vezes, o pagamento era feito com produtos agrícolas, especialmente com cereais. O Código trata disso, mas de modo genérico, sem entrar em detalhes.

O capítulo XXVI analisa brevemente o tema do arrendamento de propriedade. Era costume arrendar terrenos para cultivo. O prazo de arrendamento era, de modo geral, de três anos. Não se sabe a razão desse prazo, mas talvez seja por causa da rotação de diferentes culturas que podiam ser praticadas numa propriedade de tipo rural. Obviamente, o arrendatário devia manter o terreno em boas condições, bem lavrado, preparado para o cultivo, semeado, devia cuidar da cultura afastando aves e animais soltos, mantê-lo limpo extirpando ervas daninhas, irrigá-lo e proceder à colheita. Os pomares deviam ser cercados. Os implementos e as rodas de água para irrigação deviam ser bem conservados; os bois que movimentavam essas máquinas deviam ser bem alimentados. Caso a propriedade estivesse distante de local habitado, o arrendatário devia levantar uma casa para passar a maior parte de seu tempo no campo arrendado. O dono do terreno costumava fornecer sementes para a semeadura e utensílios agrícolas, além de provisões para o arrendatário e seus homens, pelo menos para iniciar os trabalhos nos primeiros meses.

O capítulo XXVIII traz exemplos de parceiras ou sociedades para desenvolver atividades econômicas, evidentemente entre duas ou mais pessoas, com aporte de capital, trabalho conjunto e divisão dos lucros, como se costuma fazer hoje. No último capítulo (XXIX), o autor trata da profusão de contas de administradores dos grandes templos, do palácio e mesmo de ricos comerciantes, relativas a entradas e saídas de produtos, de pagamentos, de ofertas aos templos e outros. Muitas dessas contas eram recibos em que apareciam os nomes dos ofertantes, dos sacerdotes e das localidades. Uma classe importante desses documentos consiste de recibos de empréstimos, de contratação de trabalhadores e salários pagos ou a pagar. Outros se referem a medições dos campos com cálculos da produção possível e da obtida após a colheita. Outros ainda tratam de rebanhos, com o número de cabeças, com os nomes dos donos e dos pastores. Enfim, havia contas relacionadas a dinheiro, a todo tipo de produto, a tudo o que envolvia a atividade humana entre sumérios e babilônios.

A última parte da obra de Claude Hermann Walter Johns, que ocupa um terço da obra total, se refere a cartas da época da Babilônia e da Assíria. Cartas de Hamurabi e de seus sucessores, cartas privadas no período da primeira dinastia de Babilônia, cartas de outros reis, cartas relacionadas com atividades econômicas e comerciais, cartas da época da dominação assíria.

Os antigos babilônios descobriram muito cedo a conveniência da comunicação escrita entre amigos que estavam separados pela distância. A origem desse costume de se comunicar por via epistolar não é clara. Um pedaço de argila em formato de tijoleta era escrita e depois inserida numa espécie de envelope feito de uma fina camada de argila em forma de caixinha, dentro da qual seguia a missiva. Sobre o envelope se escrevia o nome e o endereço do destinatário. A tijoleta era cozida e coberta por fina camada de pó, a fim de evitar que o envelope colasse nela. O destinatário, ao receber a missiva, rompia delicadamente o envelope e o jogava fora. Por isso é que, nas escavações, pouquíssimos envelopes foram encontrados. Por outro lado, parece que não era costume datar as cartas, porquanto são raras as que trazem datação. De qualquer forma, foram encontradas muitíssimas delas, tratando dos mais variados assuntos.

Como exemplo, segue um trecho de uma carta que trata de um assunto que não tem relação alguma com a administração ou com a atividade econômica, mas se refere à religião, especificamente ao transporte de estátuas de deusas de uma região periférica conquistada (Emutbal), certamente para serem restauradas e devolvidas a seus santuários de origem, gesto político do rei para pacificar os novos súditos da área anexada, como se lê num trecho de uma segunda carta, que pode ser lido logo depois deste da primeira carta:

A Sin-iddinam... assim diz Hamurabi: "Estou lhe enviando agora Zikir-i-lishu e Hamurabi-bani para trazer as deusas de Emutbal. Coloque imediatamente as deusas numa barcaça e envie-as à Babilônia. Providencie para que as sacerdotisas dessas deusas as acompanhem. Para o sustento das deusas e das sacerdotisas embarque comida, bebida, ovelhas, utensílios e tudo o que for necessário para as despesas das sacerdotisas até a chegada à Babilônia. Prepare homens com cordas, a fim de que as deusas cheguem à Babilônia em segurança. Não se demore, mas venha rapidamente à Babilônia."

A outra carta diz o seguinte:

A Sin-iddinam... assum diz Hamurabi: "As deusas de Etmubal, que estão sob sua responsabilidade, vão lhe ser enviadas e entregues em segurança por uma patrulha de Inubcaronsamar. Quando chegarem, combine com a patrulha e com seus subordinados para que reponham as deusas em seus santuários."

Com relação às cartas de Hamurabi, constata-se que esse rei mantinha intensa correspondência com governadores que administravam regiões ou províncias do reino. Suas cartas revelam o extremo cuidado que demonstrava em governar com responsabilidade e probidade. Por meio delas passava instruções, exigia relatórios administrativos sobre tudo o que era de competência de um governante de província ou de distrito, pedia notícias sobre construção ou reparo de canais navegáveis e de irrigação, sobre construção de pontes, de templos, solicitava informações sobre a manutenção da ordem e sobre a aplicação da justiça, enfim sobre tudo o que poderia interessar o desenvolvimento, o progresso e o bem-estar de seu povo.

Impressão e acabamento
Gráfica Oceano